从这里 爱上实业

陈红兵　王立平　著

电子工业出版社·
Publishing House of Electronics Industry
北京·BEIJING

内 容 简 介

本书是两位长期从事中国实业前沿报道记者的诚意之作。之所以将"爱上实业"作为本书的核心，是因为想呼吁更多年轻人、有识之士爱上实业，让中国的实业有源源不断的人才资源。实体经济是国家经济的基石，是提高国家竞争力的关键所在。正所谓，基础不牢，地动山摇。作者多年深耕纪录片领域，创作了《大国重器》《动力澎湃》等一系列工业纪录片，依托采访中的见闻与感受创作此书。本书关注一个制造强国需要拥有的数个维度，从叶片、光伏、钢铁、碳纤维、模锻压机、数控机床等几个小切口入手，透过材料、核心零部件、基础装备、高端装备等不同领域的实例，用轻松的笔触、通俗的表达、形象的比喻，来呈现工业制造之美，讲述工业制造故事，以及实业背后演绎的传奇、美妙、励志故事，甚至财富故事，希望更多的读者能够欣赏实业之美，能够感知实业的魅力，能够投身到实业的方方面面，能够体悟到实业在每个人的人生中闪耀的点。当读者翻开本书时，希望能"从这里，爱上实业"。

未经许可，不得以任何方式复制或抄袭本书之部分或全部内容。
版权所有，侵权必究。

图书在版编目（CIP）数据

从这里爱上实业 / 陈红兵，王立平著. -- 北京：
电子工业出版社，2025. 1. -- ISBN 978-7-121-49178-8
Ⅰ. F424-53
中国国家版本馆CIP数据核字第2024JM4305号

策划编辑：徐　静
责任编辑：冯　琦　　　特约编辑：李　莹
印　　刷：北京市大天乐投资管理有限公司
装　　订：北京市大天乐投资管理有限公司
出版发行：电子工业出版社
　　　　　北京市海淀区万寿路173信箱　　邮编：100036
开　　本：720×1 000　1/16　印张：15.25　字数：264千字
版　　次：2025年1月第1版
印　　次：2025年1月第1次印刷
定　　价：98.00元

凡所购买电子工业出版社图书有缺损问题，请向购买书店调换。若书店售缺，请与本社发行部联系，联系及邮购电话：（010）88254888，88258888。
质量投诉请发邮件至 zlts@phei.com.cn，盗版侵权举报请发邮件至dbqq@phei.com.cn。
本书咨询联系方式：010-88254434或fengq@phei.com.cn。

专家点评 /

实业是材料的"秀场",业界常说"一代材料一代装备"。《从这里 爱上实业》深情演绎了重型装备、硬核科技和尖端制造的秀场故事,有情怀,有魅力。

中国工程院院士、中国工程院原副院长　干　勇

清爽如夏日凉风,隽永更回味无穷。梳理当下实业格局,简洁明晰,洞见前沿。有故事,解密产业逻辑。有案例,笔墨激扬文字。爱上实业,意在当下,情寄明天。

中国企业联合会理事长　朱宏任

国之重器还有多少使命担当,前沿材料如何链接美好生活,全球制造业激烈的锋线较量……本书把实业的当下演绎得活灵活现,通俗中不乏有趣生动,让人意犹未尽。

机械工业联合会会长　徐念沙

作为中国实业的一份子,对本书所讲述的故事深感共鸣。无论您之前对中国实业是一种怎样的感情,本书都一定会燃起您对中国实业澎湃的激情。新时代呼唤实业英雄!

格力董事长　董明珠

自 序
/ 实业永不眠

我曾经被歌剧《今夜无人入睡》的旋律打动，也曾经为电影《华尔街：金钱永不眠》而心动，但今天我要说的是实业永不眠，心无眠，意未消。

一次旅途突遇暴雨，飞机迫降福州长乐国际机场，闲适之下，我在机场的展示区无意划开了一个触摸显示屏。1919年，中国就造出了自己的水上飞机！而且造了15架！我先是疑惑，随后被震惊。要知道，1903年"飞行之父"莱特兄弟才飞上天，仅飞行了12秒，飞行距离只有36米。1913年，世界上才有了可以长距离飞行的飞机。1919年的中国，还饱受列强欺凌，就有了这么高水准的制造。更让我震惊的是，两个造飞机的人让人非常叹服，一个叫巴玉藻，一个叫王助。他们是麻省理工学院第一届航空工程专业的毕业生，王助曾在美国波音公司担任总工程师，被尊为"波音之父"，巴玉藻在通用飞机厂担任总工程师。他们都在事业、生活还不错的情况下毅然回到中国，用自己的智慧和努力，造出了属于中国的水上飞机，飞行高度达到4000多米，飞行距离达到300多千米，可以作战，可以运输。

从那时起，波音飞机、通用飞机就奠定了它们在世界航空制造业中的地位。假如当时的中国不是积贫积弱，以巴玉藻、王助等人的实力和他们在航空业所做的努力，全球航空业可能会有另外一种演绎、呈现另外一种格局。

其实爱上实业从来不需要道理，只需要契机，更需要点燃。我在这一刻被深度点燃，对实业有了非常强烈的兴趣，之后我策划了大型电视活动《我为中国实业代言》，掀起了热爱中国实业的浪潮，引起众多企业家、主管官员及众多有识之士的关注和赞扬。当然，生产水上飞机的马尾船政学堂旧址是活动高潮地之一。

中国制造、中国实业被更多的人尊重，因为每个人骨子里其实都有实业的基因、都有制造的情怀。动手制造的本领，是一个人的自信及一个国家的优秀和实力所在。在冷兵器时代，刀剑铠甲就是实力所在，善于作战的中国西汉将领李陵能够深入沙漠数百千米，以5000多名士兵与80000多名匈奴士兵缠斗了半月之余，据说就是因为以当时的冶铁技术做出了由铁片构成的铠甲。在火器时代，枪、炮、坦克、飞机就是实力，在第二次世界大战发生前，一款优秀的冲锋枪让芬兰一度战胜了强大的苏联。在今天的和平年代，国家和企业的实力体现在手机、汽车、飞机、火箭上，还有人人都羡慕的被称为"财富收割机"的芯片或光刻机，都是制造本领和制造能力的体现。

其实，爱上实业还因为在实业中有非常多的故事，几乎囊括各种情感体验，励志成功、财富传奇、竞争成败甚至爱恨情仇，关于人生理想、职业梦想及个人情怀等无所不包。

只要有"能制造"的实力，就可以穿越历史。无论在什么样的社会里，"能制造"就是最高实力、就是自信的来源。在当下，如果你能造光刻机，你就能站在科技前沿；如果你能造采棉机，你就是农业现代化的标志；如果你能造汽车，你就是高品质生活的傲娇一族；如果你能造火箭，你就在太空拥有发言权；如果你能造高端数控机床，你就是先进制造的明珠。不仅是"巨无霸""高精尖"的产品，在日常生活中也有很多传奇。例如，斜拉桥的钢索就非常不平凡，过去中国的斜拉桥少见在很大程度上是因为没有钢索，现在手撕钢能做到只有0.02毫米厚，那就是"钢铁行业皇冠上的明珠"，可以用在非常尖端的航空航天和芯片领域。另外，中国现在能制造0.04旦的纤维丝，细到什么程度，就是0.04克的东西，能拉出1000米长的丝，比蜘蛛丝、蚕丝细得多，越细的丝，最后织成布做成的衣服就会越柔顺、越丝滑……

"能制造"不仅自带光环,其衍生出的故事和传奇在自信自尊的情感世界里掀起的巨浪更令人向往。例如,造芯片的硅、做晶圆的硅,需要14个"9"(99.99999999999999%,在小数点后面有14个"9")的纯度,谁能造出来,谁就非常有行业地位;能造1000兆帕级高强钢,就能造高铁轨道、航母甲板,而我们现在可以造2000兆帕的钢板,有什么样的材料,就能成就什么样的制造时代。因此,我们能造蒸汽弹射的锅炉,能造舰载机,能造电磁弹射、相控阵雷达,能造最先进的航母……

这些产业链的故事、供应链的故事,足以覆盖人的一辈子,甚至几代人。爱上实业,奥妙自在,走进实业,趣味无穷,众妙之妙,乐在其中。

爱若长久,定有无尽的回味。细细体味实业之爱,深邃绵长,甚至可以潜移默化,由骨入髓。一个有趣的比率,即产品质量价格比,可以把中国制造几十年的历史打通,仔细体会,便有悲壮和幸福交织的审美自信。

在中华人民共和国成立的时候,西方帝国主义国家都在封锁中国,当时中国的石化设备只能成套从国外购买,卖给我们的质量约一吨的设备需要40万元,那是相当贵的价格。

后来我们自己有了万吨水压机等工业母机,可以造关键设备、成套设备,外国卖给我们设备的价格降到每吨约20万元。20世纪80年代初期,改革开放开始不久,我们进口的设备、机械大约是每吨20万元的价格。由于当初没有用于制造轮船传动轴的钢,造不出合格的传动轴,所以我们1960年下水的万吨巨轮东风号,在海上漂了好几年,1968年我们才有了自己制造的传动轴,才能做发动机,把船开起来。

桑塔纳是中国最早合资的轿车,早期质量为1.6吨的车卖24万元左右,算下来每吨约15万元。后来中国经济迅速发展,现在同样的桑塔纳还在制造,还是1.6吨左右,甚至为1.8吨,只卖7万元左右,每吨约4万元,这就是中国制造的发展。

这个质量价格比能够非常直观地衡量实力。依据质量价格比，不仅能看出成绩，还能看出差距和潜力。

当前，奔驰S级汽车S100约为1.8吨，售价54万元，每吨约30万元。我们的茅台酒按1499元出厂价来算，每吨约300万元。

美国约翰迪尔采棉机约为39吨，卖给我们的价格约为700万元，每吨约18万元。中国同样的采棉机，如山东天鹅棉业机械股份有限公司和中国铁建重工集团股份有限公司生产的采棉机，大概23吨只卖约200万元，相当于8万多元一吨。

从这个角度来看，实业有很多诱人的东西，有很多让我们心醉、让我们成功、让我们心怀向往的东西。

如果你所在行业中的产品或你设计制造的产品，能够在质量价格比上高人一等、先人一步，那就是荣耀所在。我前不久拜访了一家上市公司特变电工，该企业是为中国特高压生产换流站或是高级变压器的企业，一台超大的变压器要卖5000万元，约为230吨，差不多22万元一吨。能在高端装备上获得好的质量价格比，就说明在制造业方面有优势、有自信，也有巨大的贡献。只要在这方面做出了标杆式行动，就会吸引更多的人朝类似的方向努力，不断推动实业制造。

我们的世界其实是运行在各种实业之上的系统。从这个意义上说，从古至今，因为实业不眠，才有了社会运转的和谐、高效；只有实业不眠，生活才会有更好的成色、更多的层次；只有实业不眠，我们的工作才有更多的自豪，才有更多显示个体本领的机会，也才会有无数个故事和传奇激励后人。

其实不只实业本身，连它演绎的一个个传奇、美妙、励志的故事也是我们爱上实业的深层理由，那些创新发明奥妙无穷，那些时髦的划时代的产品变化神奇，有的复杂到让人惊叹，有的简单得令人拍案叫绝……这一切，都让我们心生向往、热爱和尊敬。尊敬能够在实业领域叱咤风云、让图纸变成现实的主人公，他们是人才和英雄。每个人的实业梦想和实业情怀，都能在我们的生活中、成长历程中找到很好的呼应，都能有独特的记忆。实业是一个可以让你拥有的任何智慧"跑"起来的世界，奇思妙想、好奇创造、跨界思考，都能在实业中找到用武之地。

实业永不眠，说的不只是一个人、一个企业、一个国家，其实更多的是我们生活中须臾不可离的精神。回望历史的时候，关于很多内容，我们都可以仔细地琢磨，为什么古人就能造出三星堆中的器物？为什么能造出金字塔？为什么会造出赵州桥？为什么可以锻造的干将莫邪剑到现在都不能复制出来？为什么会有鲁班锁？为什么诸葛亮会发明木牛流马……其实我们在成长的过程中不断地受各种实业、各种制造的智慧冲击，这丰富了我们的成长道路。

写这本书的原因是想把爱上实业的感受传递，想有一点引导，一点点燃，一点交汇，一点期待，让更多的人能够欣赏实业的美，能够感知实业的魅力，能够投身到实业的方方面面，能够让实业在我们的生活中、在每个人的人生中都有它的亮点。

往下再读一点，从这里，爱上实业。

著者

2025 年 1 月

目录

第一章
有"大"方能为天 —— 1

第一节　压力过万意味着什么　　/ 3

第二节　锻压恐龙"一剑封喉"　　/ 12

第三节　英雄多用武之地　　/ 22

第四节　锻压实力"藏拙"又亮剑　　/ 34

第二章
"叶"有千千结 —— 37

第一节　叶片隔开的艰难考题　　/ 39

第二节　叶片的高天上流云　　/ 46

第三节　"叶"有千千结　　/ 52

第三章

管道春秋 —— 65

第一节　中国的石油套管情结　　/ 67

第二节　管道的锋线竞逐　　/ 74

第三节　管道也威武　　/ 82

第四章

钢铁新家族 —— 97

第一节　没有它，有些产业就得停摆　　/ 99

第二节　偏向虎山行的起步　　/ 103

第三节　钢中"绣花"功夫　　/ 108

第四节　取向硅钢"千层饼"　　/ 114

第五节　磁轭"万层饼"　　/ 118

第六节　中国硅钢现状　　/ 124

第五章

小薄见水平 —— 127

第一节　百炼钢成"绕指柔"——挑战极致薄（0.015 毫米）　　/ 130

第二节　纤细到肉眼几乎不可见——挑战极致细（0.05 旦）　　/ 140

第三节　透明如无物——挑战极致薄（0.03 毫米）　　/ 144

第四节　隐入尘埃的颗粒——挑战极致小的纳米微球　　/ 150

第六章
电从太阳来 — 155

第一节　中国首富施正荣：太阳能短暂的辉煌　/ 159
第二节　向阳而生的光伏自救　/ 164
第三节　追日逐光的新未来　/ 184

第七章
"减"字难伺候 — 189

第一节　让机器人"舞动"起来的关节　/ 191
第二节　打造一个"太阳系"　/ 196
第三节　RV减速器的"亲兄弟"——谐波齿轮减速器　/ 200
第四节　磨出更圆润的"牙齿"　/ 204

第八章
梦系数控机床 — 207

第一节　中国机床"十八罗汉"　/ 210
第二节　百花齐放的机床新生　/ 219
第三节　机床能做什么　/ 221

从这里 爱上实业

Chapter One

第一章

有"大"方能为天

"大"字上面加一横就成了天

▽

———————————

"大"的威力,在工业制造领域展现得淋漓尽致。

大块头有大智慧。

大飞机、大汽车、大轮船、大火箭、大装备,包括大科学装置……在制造体系和流程中,"大"显示的是段位和品质。但制造更大的产品需要更大的装备,如高精度机床、万吨水压机、万吨模锻压机、风洞。这些大装备,还有制造它们的母机……在一个国家完备的制造体系中,大装备往往是定海神针,是竞争力的高端体现。

当然,这里说的大装备,可不只是体积大,自身的威武加上了不起的精密,还有能制造更精密装备的"武艺"和耐久的实力。

国家要崛起,必有大装备。

第一章 有"大"方能为天

第一节
压力过万意味着什么

我国首台万吨水压机

在上面的两张照片中，这台绿色的大装置，名字很响亮，叫"万吨水压机"。机身上醒目的大字，标示着它的诞生地点和时间：上海，江南造船厂，1961 年。

这就是我国首台万吨水压机。一张是它工作时的正面照，一张则是侧面照。很显然，与这台万吨水压机相比，站在地面上的人显得非常小。

万吨水压机有 6 根活塞柱，每根能产生 2000 吨的压力，加在一起就是整机 1.2 万吨的压力，试验时，最大极限压力可达 1.6 万吨。这也是万吨水压机"万吨"之名的来源。

就是这么一个重家伙，工作时却灵巧如揉面团，经过镦粗、拔长、切断甚至冲孔等一系列工艺，能把上面左图中的钢坯立柱塑形成轴、筒、环等任意形状，尤其是对一些曲里拐弯的异形件的加工更是它的拿手项，它是一个无所不能的"金属揉面机"。

而它的荣耀更是达到了被国家重视、让社会瞩目的巅峰，甚至进入物理课本、登报入戏、拍电影发邮票……规格之高，背后是国家实力的高级贡献。

正是有了万吨水压机，我国才能制造舰艇上的燃气轮机大轴。制造舰艇上的燃气轮机大轴的震撼场景，被写出《红星照耀中国》的美国记者埃德加·斯诺传向全世界。

正是有了万吨水压机，我国才能制造汽轮机转子，中国发电站的装机容量才不断跃升到 20 万千瓦、30 万千瓦、60 万千瓦乃至更高量级，并且不断覆盖火电、水电及核电领域，否则我国的发电站核心部件只能从国外购买。

正是有了万吨水压机，我国才能锻造质量为 300 吨的大钢锭，解决我国经济建设乃至国防工业缺少特大型锻件的问题，在一些重要的工业领域跃上高端制造的台阶。

一个故事从另外的角度折射出其中的辛酸和魅力。

"东风号"在中国自主制造历程中，有着里程碑式的地位，也是中国人的骄傲。它是中国自行设计的首艘万吨巨轮，载重量为 1.3488 万吨，排水量为 1.7182 万吨。

中国人终于造出了自己的万吨巨轮，1960年4月15日的下水仪式空前轰动。

那一刻，黄浦江畔码头上，红旗招展、锣鼓喧天、人山人海，"东风号"在人们的欢呼声中下水了。

但是，后来发生的事情，似乎很少有人注意到，这艘在光环中下水的万吨巨轮，却在黄浦江里"泡"了五年之久，一直在进行"内部建造"，迟迟开不出去，到底是为什么呢？因为有个核心部件当时并没有造出来，这个部件就是万吨巨轮的"心脏"——8820马力船用柴油发动机。因为，要造出这么大马力的发动机，必须要能制造发动机的曲轴，制造这个复杂的曲轴，必须用到万吨水压机，而这个，我们没有。

8820马力船用柴油发动机

船用发动机曲轴

中国第一艘万吨级远洋货轮"东风号"

要有自己的万吨水压机!

没有万吨水压机带来的困难,让毛主席感同身受,他对此事高度重视并亲自过问。

沈鸿被委以重任,1955年9月至1959年8月,沈鸿任电机工业部副部长和煤炭工业部副部长。

那个时期,是世界政治格局的一个特殊时期,国际社会波谲云诡。万吨水压机也成为美国和苏联两个超级大国博弈的一大战略因素。第二次世界大战后,美国在欧洲实施了欧洲复兴计划,史称"马歇尔计划",让满目疮痍的欧洲恢复至战前水平。

以苏联为首的社会主义阵营也提供了一系列支持,其中援助中国的156项工程,就是在这一背景下完成的。

但对于万吨水压机这种国宝类机器,即使苏联在援助中"放松了警惕",中国也只是从苏联和东欧进口了 3000 吨和 6000 吨水压机，仍然满足不了大型锻件的制造要求。

到第二次世界大战结束前，苏联已经拥有 4 台超过 1 万吨的大型水压机，美国更是拥有超过 10 台。

万吨水压机就像迈入高端制造门槛的"金钥匙"，拥有了它，就拥有了打开高端制造的密码，拥有了制造坦克、大炮、飞机、轮船的实力，拥有了一个国家工业进步的助推器。

这时，人们发现原来答应提供的 6000 吨以上的大型水压机并没有提供，大锻件还得从苏联和东欧国家进口。剩下的路只有一条：自己干！

面对各种反对意见，有人说当时中国还造不了，有人说要造大型水压机得先有万吨水压机等。沈鸿却坚持自己的观点，反问："那么，世界上第一台万吨水压机是怎么造出来的？"最终，万吨水压机的制造被批准，由沈鸿任总设计师。

沈鸿在接到任务后，到上海多家工厂调研比较，最后，选择江南造船厂作为制造单位，还召集了江南造船厂、上海重型机器厂等几十个工厂的技术人员协作参与。于是，上海重型机器厂和江南造船厂开始共同设计制造我国首台 12000 吨水压机。

虽然当时已经从国外购买了 6000 吨水压机，但要造出 12000 吨的规格，并不是等比例放大就可以。而在设计人员中，只有沈鸿在苏联乌拉尔重型机械厂见过万吨水压机，其他人员几乎都从零起步。

历尽艰辛，万吨水压机的图纸设计完成了，制造成了摆在面前的更大难题。技术人员采取的方案是试制 120 吨和 1200 吨水压机作为试验机，先在试验机上解决问题，再着手制造万吨水压机。

但是，万吨水压机的部件体积大、精度高、制造困难。有的部件重达两三百吨，完全超出了当时的锻压能力。也就是说，这相当于要用"孙子级别"的水压机造出"爷爷级别"的水压机。

最难的恐怕是四根大立柱，没有这个 18 米长、80 吨重的立柱，万吨水压机就造不出来。他们只能用"笨办法"，分段锻造再接合，生生"啃"下了当时最先进的"电渣焊"技术，成功地把大部件焊接到一起，且焊缝完全符合标准，让苏联专家刮目相看。

就这样，沈鸿等采用"土办法"和"化整为零""蚂蚁啃骨头"的巧办法，一点点、一步步攻克重重难关。

1961年，4万多个零部件就位，万吨水压机总装开始。两部行车把硕大的下横梁、活动横梁和上横梁安放在四根立柱上，严丝合缝，中心偏差不到3毫米，这是非常好的总装开端。

这时，在难关之外又添难关：缺钱。那时正值1960年，三年困难时期，国家对经济进行调整，很多基建项目因此下马，万吨水压机也在其中。此时，万吨水压机项目已经花掉经费1400万元，一旦下马，就会前功尽弃。沈鸿写信给周总理说明情况、汇报进展，中央派人到现场了解情况后，拨款800万元，挽救了这台差点夭折的万吨水压机。

时间定格在1962年6月22日，我国自行设计制造的12000吨自由锻造水压机建成并正式投产，成为当之无愧的"国宝"，成了锻压界的"大哥"。

跨越了万吨水压机这道高端制造的门槛，中国终于能够锻造20万、30万、60万千瓦机组发电机转子、汽轮机转子和护环了，否则发电站建好了没有转子也转不起来、发不了电；也终于能够锻造自己的万吨巨轮上的船舵杆、传动轴，以及轮船用发动机曲轴、曲拐了，也就不会再有"东风号"泡在水里开不出去的尴尬境地了；也能够锻造各种高精尖大型锻件了。跨越了这道门槛，中国制造的实力一下跃升到了一个新高度。

有人曾这样解释这一成就：在我们有万吨水压机之前，国外供给我们的石油、化工、电力装备平均每吨卖到40万元，之后一下就降到了每吨20多万元，如今，大型工业设备差不多为每吨七八万元。以桑塔纳轿车为例，20世纪80年代刚合资时，质量为1.24吨的车卖26万元左右，如今只卖约8万元。

1、产品质量价格比：折射工业制造实力

每个产品，都由用不同材料制成的若干零部件组成。

产品的质量与价格有着怎样的关系？这里存在一个很有趣的比率关系，这是一个简单且独特的分析角度。

可以从两个例子中发现端倪。

过去我们进口成套石化设备，每吨约40万元；后来我们有了自己的万吨水压机，制造实力大大增强，这些设备的进口价降到每吨约20万元。

飞机的质量从几吨到几百吨不等。波音737约为28吨，售价约5亿元，平均每吨售价超过1780万元。航天上用的火箭的价格更是以亿元为单位，马斯克的猎鹰九号火箭按照2024年单箭报价6975万美元来计算，按当前汇率（1美元约兑人民币7.12元）折算成人民币约4.97亿元，重约549吨，平均每吨售价约90万元，不过，目前大多数火箭的发射都是一次性的。

通过观察发现，先将每吨原料加工成不同东西，再制成不同产品，最终售卖出去这一链条，其背后的逻辑是整体制造能力，把各种材料整合成CT机，机器售价为数十万到百万元。将同样的各类配件整合成PETCT机，则售价达到一千万元以上，好多原本一样的材料的价值也"水涨船高"了。可以看出，产品的售价越高，反映的工业制造水平越高，越能折射出一个国家的工业制造实力。

例如，对于同样重1.6吨的汽车，红旗的一款车售价为20万元左右，每吨约12.5万元，宝马的一款车的售价却达到40万元以上，每吨的价格约为前者的两倍。其实，汽车都由钢铁、塑料、玻璃、电子元器件等组成，其质量价格比可以直观地反映一个国家的整体制造实力。

如果每吨产品的价格能达到其他同类产品的10倍，甚至100倍，则表明该产品的质量价格比高。附加值越高，制造实力越强。

几十年后，却有人说，1962年正式投产的那台万吨水压机不是"中国第一"，真正的"大哥"另有其物。

2021年，在央视财经频道播出的系列节目《红色财经·信物百年》中，时任中国一重集团党委书记、董事长刘明忠指出，1958年，国家批准建造的是两台万吨水压机，一台安装在齐齐哈尔市的第一重型机器厂，由沈阳重型机器厂和第一重型机器厂主要设计制造，由时任二机部副部长刘鼎负责组织实施，是12500吨水压机。另一台安装在上海重型机器厂，由江南造船厂主要设计制造，由沈鸿负责组织实施，是12000吨水压机。

但是，在制造完成初期，受技术保密等历史原因影响，12500吨水压机没有第一时间公布，于是，这台12000吨水压机就成了享受鲜花和荣耀的"大哥"。如今，60多年过去了，"两兄弟"分踞南北，依然为国家锻造诸多重要大锻件。

这台12500吨水压机同样功勋卓著，它安装于156项目的首批工程之一——富拉尔基重型机器厂，并于1960年研制成功。

12500吨水压机锻造了大型发电机转子，使刘家峡水电站20万千瓦发电机组顺利投入使用，并成为我国首座百万千瓦级水电站、当时我国最大的水利电力枢纽工程；锻造了中国第一台核潜艇的压力机核心部件；为3万吨模锻压机锻造了重达140吨的大垫板。

万吨水压机作为基础性重大装备、工业母机、"国之重器"，成为一个跨越时代的符号。因为其具有特殊的地位，以前只能用来锻造重工业和国防工业中最重要的部件。如今，万吨水压机和它的锻压"兄弟们"，正在发挥更大的威力，为中国的造船、电力、冶金、矿山、国防、空天、轨道交通等行业的发展锻造实力，夯实制造强国的坚实根基。

万吨水压机的历史地位、时代精神，永远值得牢记。

在齐齐哈尔市，12500吨水压机的巨大模型耸立在富拉尔基和平路，让后人时刻铭记那段奋斗的历史。

上海市则把万吨水压机废弃零件的三段立柱矗立在市中心，向人们无声地展示中国机械工业腾飞的起点。

第一章 有"大"方能为天

齐齐哈尔街头矗立的 12500 吨水压机模型

上海市街头展示的万吨水压机废弃零件

第二节
锻压恐龙"一剑封喉"

8万吨模锻压机锻造飞机主起落架外筒

英雄从不孤单,万吨水压机功夫深、实力强,锻钢铁如揉面团,8万吨模锻压机却不用那么复杂,可以做到一招制胜。

上图是中国二重集团的8万吨模锻压机在锻造飞机主起落架外筒,右图是上海市的万吨水压机在锻压钢锭。

百炼成钢方能成大器,万吨水压机是名副其实的"千锤百炼",是真"锻"真"炼"。万吨水压机进行自由锻造,也就是说,在一定温度下,像揉面一样,千锤百炼,改变材料的肌理、组织等。

万吨水压机锻压钢锭

从这里 爱上实业

上海市万吨水压机的工作场景1

模锻压机更像武林高手的"一剑封喉",如果把自由锻造比喻成揉面,那么模锻压机更像"压月饼",一锻成形,不允许出错,没有返工机会。

大火箭、C919国产大飞机、白鹤滩水电站的百万千瓦水轮发电机组、16兆瓦海上风电机组、"华龙一号"、世界上首艘采用LNG动力的2.3万TEU集装箱货轮[1],这一个个被视作"大国重器"的重型装备,都是万吨水压机"兄弟俩"的杰作。

在30米高的巨大车间里,60多年前造出来的机器足有5层楼高。虽然岁月在机器上留下了斑驳的印迹,但是这台万吨水压机依然显得很威猛。刚出炉的大型钢锭呈现火红的颜色,体积比家用小汽车还大,被巨大的钢铁钳子紧紧夹住,送入万吨水压机,一下一下地锻压,随后再加热、再锻压。这就像揉面一样,不断加压,让"面团"变得更"筋道",此时,万吨水压机送出的最大压制力超过1万吨。

工作人员自称是"现代打铁匠",不过,与传统打铁匠一锤一锤地敲打不一样的是,他们手

上海市万吨水压机的工作场景2

---

1 TEU是Twenty Feet Equivalent Unit的缩写,是长度为6.096米(20英尺)的集装箱计量单位,又称标准箱,通常用来表示船舶装载集装箱的能力,也是集装箱和港口吞吐量的重要统计和换算单位。

中的工具不是铁锤，而是这台万吨水压机。它的压力可以根据需要自由调节，想让坯料变成什么形状，这台机器都能够在一次次锻压下自如实现。在这个过程中，既排出了坯料中的气泡，又清除了坯料中的杂质，既有物理变化，又有化学变化。同时，由于自由锻造是逐步成形的，所需变形力较小，在锻压过程中，使坯料具有更好的力学性能，尤其适合生产大型异形锻件，在重型机器和重要零件的制造上有着不可替代的地位。

与自由锻造的"自由"相比，模锻压是有约束的，约束它的是模具，模锻压的魅力也恰恰是在模具的约束下，一锻成形，就像压月饼，一次到位，不能反复，否则就成了废品。

自由锻造和模锻压是两种完全不同的锻压方式，各有所长。两者的动力源也不一样，万吨水压机的动力源是水，模锻压机的动力来自液压油，这也是人们俗称的水压机与油压机的区别。

8万吨模锻压机具有重要地位，更是无法替代。没有8万吨模锻压机，就没有像歼-20战斗机这样的重要战力；没有8万吨模锻压机，就无法制造像C919国产大飞机这样的大型客机；没有8万吨模锻压机，就无法生产像涡轮盘这样的发电机组核心部件……

8万吨模锻压机是目前世界上压制力最大的压力机，是当之无愧的"重装之王"。

在偌大的厂房里，8万吨模锻压机稳居中心位置，站在它的面前，只能仰视！这个"巨无霸"在地面上的高度是27米，在地面下的深度是15米，总高42米，接近15层楼高，质量达到2.2万吨，是万吨水压机质量的10倍。

8万吨模锻压机的最大压制力可达10万吨，它的诞生让中国问鼎世界模锻压机的巅峰，这是全球最高等级的模锻装备，让中国与美国、俄罗斯、法国同处拥有4万吨以上模锻压机的"高端制造俱乐部"。

8万吨模锻压机

与想象中机械制造车间的脏、乱完全不同，8万吨模锻压机的厂房洁净明亮、没有灰尘，也没有机器的轰鸣，听到的是机器运转的低吟，在偌大的厂房里产生回响。

例如，8万吨模锻压机可以锻造飞机主起落架外筒，工作人员亲切地称之为"大机器"，它在飞机落地瞬间承受上百吨的冲击力，从专业上讲，对飞机主起落架外筒强度、韧性和抗疲劳性能的要求极高。

研制大型客机，难的不只是如何让它飞上天，还是如何让它安全降落到地面，降落时还必须平稳、顺滑、不颠簸。这就像疾驶的列车不仅要高速运行，还要精准控制刹车一样。大飞机必然离不开一个重要部件——主起落架。

这个主起落架必须经过6.5万吨以上的压制力，且实现"一次锻造"，这才是最理想的加工方式。目前，在国外只有俄罗斯拥有7.5万吨的模锻压机，而且还需要经过反复加热，锻压2~3轮才能完成，而中国的8万吨模锻压机，完全可以一次完成。

8万吨的压制力相当于4万辆小轿车的质量，这个力量来自"心脏"——地下泵房，60台油泵驱使着300吨液压油，流过曲曲折折但排列整齐的10千米长管路，推动着5个直径为1.8米的巨大液压油缸，这是一个强有力的"心脏"。

锻压即将开始，一切准备就绪。

模具被加热到400摄氏度，在电炉内再加热了40个小时的坯料，已经达到1200摄氏度，接下来，即将开始"趁热打铁"的工作。不过时间非常有限，电炉炉口距锻压工位35米，出炉坯料的表面温度每秒下降3摄氏度。也就是说，60秒是留给夹料车司机的时间。正所谓，台上一分钟、台下十年功，夹料车前进、倒车的线路，所有细节都经过无数次演练，司机师傅非常熟练，已经形成肌肉记忆。

锻件入位，锻压开始。8万吨的锻压不是像打铁一样一锤重击下去，而是把这台巨型机器小心翼翼拿捏到位，让上下模具之间留有1~3毫米的空隙。因为只有这样，才能让加热到1200摄氏度的金属像液体一样流动，充满模具凸起的部位，实现完美成形。

火舌从模具间隙里蹿出来,光亮照耀着现场每个人的脸。

3分钟,所有操作一气呵成。

有了"金刚钻",就可以"揽瓷器活"了。今天的8万吨模锻压机,已经能够制造飞机结构件、飞机起落架结构件、飞机起落架外筒、飞机起落架活塞、缘条、环件、盘件、涡轮盘等大型模锻件,材质包括钛合金、高温合金、铝合金、超强钢、结构钢模件等,领域覆盖航空航天、能源电力、舰船动力、轨道交通、汽车等重要行业。

特别链接

2、波音787的起落架外筒为什么选择在中国锻造

起落架相当于大飞机的"机腿",是起飞、着陆、滑跑、在地面上移动和停放所必需的支撑系统。

波音787的自重超过100吨,最大起飞重量超过200吨。

这条"机腿"不仅要在地面上支撑起数百吨的重量,还要在飞机降落时吸收巨大的冲击力。

通俗来说,与起飞相比,能够安全降落、着陆更为重要。

过去,飞机起落架外筒分为多个部分进行锻造,再焊接在一起,但是不如一体成型的产品坚固、可靠、安全。如果模锻压机的吨位不够高,需要进行多次锻造,不仅会提高成本、延长生产周期,还会由反复加热导致晶粒变大,影响材料的强度和韧性。

解决这个难题的是大型模锻压机,其锻造过程像"压月饼"一样。在锻造使用超强钢或钛合金等强度约为2000MPa的材料的飞机起落架时,更是"手拿把攥"。

波音787的起落架外筒,自重约4.3吨,需要模锻压机的压力达到4.5万吨以上。这样的大型模锻压机,全球只有7台。美国有2台4.5万吨模锻压机,俄罗斯有2台7.5万吨模锻压机,法国有1台6.5万吨模锻压机,德国有1台6.0万吨模锻压机。

> 而中国，恰恰有一台压力为 8 万吨的大型模锻压机，全球最大。
> 于是，波音 787 的主起落架外筒锻造生意，就选择了中国。
> 大型模锻压机的诞生，就是为航空工业服务的。大型模锻压机的布局，也恰恰与世界航空制造强国有紧密联系。

早在 20 世纪三四十年代，全球对模锻压机的布局就进入了火热竞争期，高性能航空器中的高精度、高强度大型航空锻件制造尤其需要使用模锻压机。从世界各国竞相建造大型模锻压机的历史，不难看出端倪。

1934 年，苏联制造了万吨水压机。

1940 年，日本从德国引进一台 1.4 万吨自由锻造水压机。

1938—1944 年，为了满足航空飞行器对整体零件的需求，德国建造了 3 台 1.5 万吨和 1 台 3 万吨模锻压机，为德国战斗机提供大型整体锻件，大大提高了德国战斗机的整体性能，开创了重型模锻压机的先河。

1955 年前后，美国建造了 2 台当时世界最大的 4.5 万吨模锻水压机，一直用到现在。

20 世纪 60 年代，苏联开始建造 3 万吨和 7.5 万吨模锻液压机，以及 2 台 7.5 万吨模锻水压机。

20 世纪 70 年代，法国从苏联引进 1 台 6.5 万吨模锻水压机。

2001 年，美国建造了 1 台 4 万吨模锻水压机。

截至 20 世纪末期，全球共有万吨以上模锻水压机 30 余台，美国、俄罗斯各有 10 余台，约占总台数和总吨位的 70%。美国的 2 台 4.5 万吨模锻水压机、俄罗斯的 2 台 7.5 万吨模锻水压机和法国的 1 台 6.5 万吨模锻水压机为世界顶级模锻设备，其分布状态也印证了世界航空制造业三足鼎立的格局。

而当时的中国，只有 1 台 3 万吨模锻水压机。

20 世纪 60 年代初期，为了满足我国发展航空工业的需求，扭转主要航空模锻件完全依赖进口的被动局面，中国确定了"实现航空重要锻件国产化"的战略方针。

2007年2月26日，国务院常务会议批准大型飞机研制重大科技专项正式立项。计划中的8万吨模锻压机研制工作提速，它反过来又为大飞机的研制夯实了根基。

2013年4月，8万吨模锻压机调试完成，开始正式生产。论证五年、研制五年，经过十年磨砺，终于完成，等待腾飞的那一刻。

2017年5月首飞的C919国产大飞机，70%的锻件由中国二重集团研制生产，并提供超过2000件试验件和装机件。其中，主起落架首次采用中国二重集团提供的国产锻件，打通了国产材料锻件装机应用途径，大幅提高了大飞机材料国产化水平。在世界大型客机市场上，大型锻件的生产能力和产品质量是竞争取胜的关键因素，8万吨模锻压机成为发展国产大飞机必备的关键装备。

除此之外，赛峰空客A330飞机的3个主起落架锻件也由中国二重集团的8万吨模锻压机锻制成功，中航商用航空发动机有限责任公司的7种发动机关键模锻件也由8万吨模锻压机试制成功并交检合格……越来越多的大型模锻产品在中国的8万吨模锻压机上锻制成功，这意味着中国完全具备了研制生产大型精密模锻件的能力，中国发展大飞机事业将不再受到限制。

如今，中国不断布局各锻压级别的压力机，形成几个不同的锻压基地，覆盖不同地区的工业制造。

东北地区：布局12500吨自由锻造水压机、15000吨自由锻造水压机、12500吨油压双动铝挤压机、12500吨热模锻压机。

华北地区：布局10000吨油压双动铝挤压机和10000吨等温钛合金锻压机。

华东地区：12000吨自由锻造水压机和16500吨自由锻造油压机承担着大型锻件的锻造任务。

华中地区：12500吨热模锻压机和18500吨自由锻造油压机担当重任。

西北地区：布局40000吨模锻压机和80000吨模锻压机。

西南地区：以80000吨多向模锻压机为主，布局12500吨水压卧式铝挤压机、30000吨模锻压机、10000吨多向模锻压机及16000吨自由锻造水压机。

至今，我国1万吨以上的模锻压机已有超过10台。

 特别链接

3、因为制造4万吨模锻压机，诞生了一家上市公司

曾经在大学里任化学老师的严建亚，34岁创业，成立了一家生物公司。2004年，在一次偶然的机会下，严建亚参加巴黎航展，看到波音飞机的起落架，很受震撼。从小有从军梦的他，因为视力问题没能上军校，这次对国防事业的热情被唤醒。他寻思，国内能否锻造这样的起落架，于是萌生了制造大型设备的想法。

有想法，有动力，就去实施。

严建亚经历了长达三年的调研，跑了20多个地方。他了解到清华大学在研究钢丝缠绕坎合技术，琢磨这种技术能否用于制造大型模锻压机。学化工的他，走进了清华大学机械系，跟20多岁的学生们一起听课，从头补上机械制造这门课。

相关专家在北京开过9次论证会，前三次基本上在9个专家中有8个反对。直到最后一次论证会，由国家材料界的泰斗师昌旭院士主持，这个项目总算启动了。

历时8年，耗资8亿元。2012年9月，4万吨大型模锻液压机项目正式建成投产，成功锻造了首个航空模锻件大型盘类件产品。4万吨，奠定了严建亚的西安三角防务股份有限公司在行业中的地位，公司迅速成长为我国超大锻件的主要供应商，为我国新一代战略军用大型运输机、新一代战斗机、C919国产大飞机、AG600水陆两栖飞机等锻造重要的大型承力锻件。

2019年，西安三角防务股份有限公司在深交所创业板上市。

一名化学老师的军工梦成为现实。现在，严建亚又在为一个更大的梦而努力，他募集了超过10亿元资金，用于建设智能制造生产线。

第三节
英雄多用武之地

01　电力之心——汽轮机转子

钢锭是 AP1000 核电机组汽轮机低压转子的原始坯料。

3 台具有 350 吨起吊能力的天车通过协同工作，把 3 个温度高达 1600 摄氏度的钢水包以三包浇铸的方式，铸造成质量为 600 吨、高 25 米的钢锭。

质量为 600 吨的钢锭

这个巨型钢锭被加热到 1250 摄氏度，开始锻造。先镦粗、再拔长，随着锻造的进行，钢锭不断降温，再回炉加热到 1250 摄氏度进行锻造……就这样，反复十几次。根据需要，在锻件的不同部位施加压力，然后用一根巨型"冲头"压入钢锭，击穿后形成一个空心孔。经过 40 天反复锤炼，再经过切削等机加工过程，最终得到一个锃亮洁净的汽轮机低压转子。

加工后质量为 400 吨的转子

加工后得到的 AP1000 核电机组汽轮机低压转子长 12.5 米，质量为 400 吨。从铸造开始，耗时 378 天，经过 1600 摄氏度高温冶炼，15000 吨自由锻造水压机的锻造，13 道复杂的加工工序，最后由一块 600 吨钢锭华丽变身为转子，挑战着中国制造的极限。

AP1000 核电机组汽轮机低压转子锻件，是目前世界上钢锭最大、锻件毛坯最重、截面尺寸最大、技术要求最高的实心锻件。经过千锤百炼后，这个强劲的"心脏"，会在核电站源源不断地输送着澎湃的动力。

在发电装备中，汽轮机是最核心的装备。AP1000 的末级动叶片长 1.375 米，要担负起如此巨大的叶片，汽轮机低压转子的身材也必须非常"壮硕"。

组装完成后的 AP1000 常规岛汽轮机低压转子

锻造它的功勋装备正是位于齐齐哈尔市的中国一重集团的 15000 吨自由锻造水压机。这是我国自行设计制造的世界上吨位最大、技术最先进的 15000 吨自由锻造水压机，于 2006 年试车成功。

核电常规岛整锻汽轮机低压转子锻件，是百万千瓦级核电设备的关键部件。目前，在火电汽轮机领域，我国已经达到世界先进水平，并且逐步掌握了先进核电汽轮机的设计制造技术，汽轮机关键部件基本实现了国产化，为"国和一号""华龙一号"等自主第三代核电技术的发展提供了坚实保障。

功勋装备：锻造 AP1000 常规岛汽轮机低压转子的 15000 吨自由锻造水压机

02　炼化心脏——全球最大加氢反应器

这个外形像超大号气瓶的设备是加氢反应器，质量超过3000吨，外径为6.15米，立直高度为70米，约20层楼高，是全球首台3000吨超级浆态床浙江石化锻焊加氢反应器，于2020年完工发运、列装起航。因其在石化领域具有领先和重要地位，被国家列入禁止出口的名单，永不售卖。

石油作为不可再生资源，各国都在努力提高它的利用率，要想实现对石油的高效利用，尤其是将渣油和重油等"变废为宝"，尽可能"榨取每滴油"，这种加氢反应器的效率起着决定性作用，成为各国竞相发展的目标。

全球首台3000吨超级浆态床浙江石化锻焊加氢反应器

> 特别链接

4、加氢，那是多大的本事

加氢是石化裂解过程中的一个最重要的环节。顾名思义，就是加氢气。往石油里加氢气能有多大本事？

中国是全球最大的石油进口国，每年进口原油超过5亿吨。由于中国的石油资源并不丰富，买到品质好的原油，尽可能多地进行提炼，尤其重要。

汽油、煤油、柴油等日常用油都是从原油中提取的。轻质原油最好，提炼价值最高，能提炼出60%以上的成品油，而从重质原油中提炼的成品油，还不到25%。

这个时候，就需要加氢反应装置出场了。

加氢，就是利用高温高压将氢气加入原油，这个过程相当于给原油"瘦身"，把重油中的大分子打碎成小分子，从而提炼出更多的轻质油。

加氢罐的个头一个比一个大，加氢装置越大、能力越强、效率越高。

3000吨超级浆态床浙江石化锻焊加氢反应器，就是用来完成这项艰巨任务的，它可以将重油转化成高品质石油，转化率高达85%，全球领先。

2024年，12台3000吨超级浆态床浙江石化锻焊加氢反应器全部交付，12个"大家伙"齐上阵，保障着每年4000万吨炼化能力。4000万吨，相当于29.4亿桶原油。

这12台"大家伙"由中国一重集团承担制造任务。中国的加氢反应装置历时数十年，从几十吨到数百吨，再到数千吨，如今达到3000吨的世界之最。该装置一问世，就被国家限制出口，彰显了它的重要地位。

中国一重集团是我国装备制造业的重要骨干企业。习近平总书记曾两次考察这家企业，还亲自回信给产业工人代表，勉励他们加强技术攻关，为东北全面振兴、强国建设贡献力量。

03 低速柴油机的核心部件——曲轴

船用曲轴

曲轴是船用低速柴油机的核心部件，属于不能更换的精密装备。如果说低速柴油机是大船的"心脏"，那么曲轴就是"心脏的心脏"，曲轴的使用寿命直接决定着船舶的使用寿命。

大型船用曲轴的造价占发动机总造价的1/3，曲轴制造能力在某种程度上代表着一个国家的造船工业水平。

W12X92型船用曲轴总长为23.5米，相当于一节高铁车厢的长度，质量达488吨，是目前全球最重的船用曲轴之一。由于这个船用曲轴是大功率低速船用柴油机曲轴，属于超长超重产品，已达现有设备加工极限，所以只能采用两段拼接式加工方式，即先通过自由锻造的方式进行分段加工，再拼接到一起。

船用曲轴对精度的要求近乎苛刻，检测参数有700多项，任何工序出现差错，都可能导致不可逆转的后果。最终，制造完成的曲轴被安装在中国首次建造的、世界上最大、运载能力达22万吨的最新型23000TEU标准集装箱双燃料货轮的"心脏"里，在浩瀚的海洋上涌动着澎湃的动力，推动着世界货物的往来。

如今，中国已经造出了超过1000个大型船用曲轴，改变了以前大型船用曲轴

W12X92 型船用曲轴

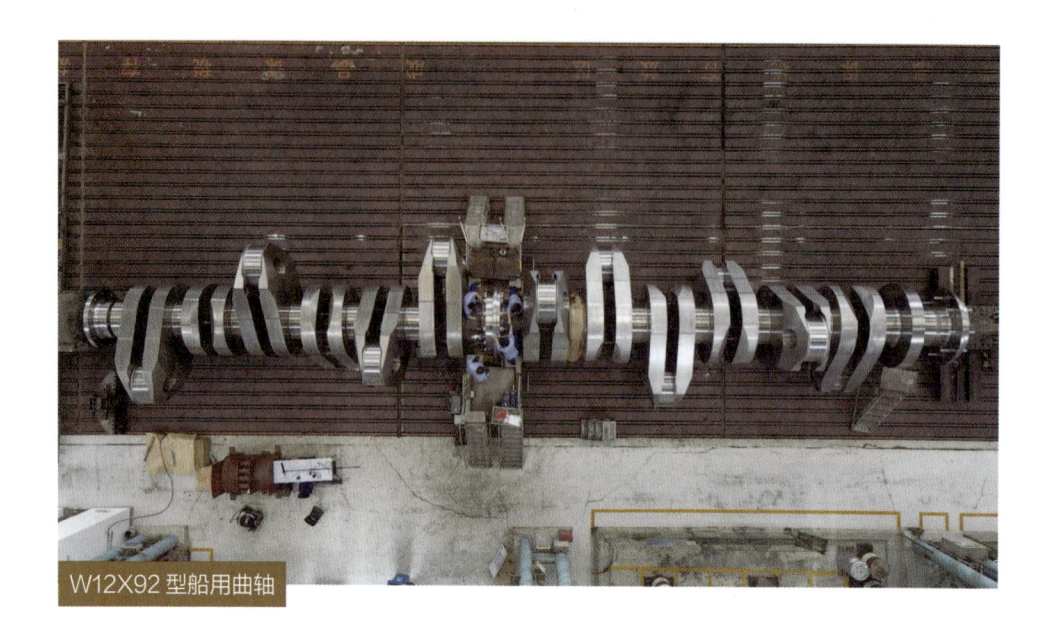

依赖进口的局面，彻底摆脱了过去"船等机、机等轴"制约中国船舶工业发展的尴尬局面，中国正在从船舶制造大国到船舶制造强国的路上加速前进。

04 飞机的骨骼——钛合金整体承力隔框

战斗机是一个国家空中力量的重要组成部分，保护着一个国家的空域安全。一款先进战斗机的结构材料要同时满足轻质、高强度这两个需求：机体"轻如燕"，既可以提高机动性，又可以多携带先进电子设备、机载武器和燃油；同时，还能承受战斗机剧烈机动时的过载场景。满足这些需求的材料非钛合金莫属。

2011 年，我国的歼-20 首飞成功，这是代表全世界最先进水平的国产战斗机。下图中这样的飞机钛合金整体承力隔框，酷似眼镜框，两个放"眼镜片"的大圆洞，是发动机的安装位置，两个安装"眼镜腿"的位置，是与机翼连接的地方。

两台大推力涡扇发动机最大可产生各十余吨的推力，加上机翼产生的升力，这些力通过承力隔框进行传递，从而托举战斗机上下翻飞。因此，这个巨型"眼镜框"

能承受的力，直接影响着战斗机在空中的战力。2012年起，我国相继研制出了4万吨和8万吨模锻压机，钛合金整体承力隔框才能由通过热模锻得到的3块材料拼接而成。此前，生产如此大的飞机钛合金整体承力隔框，要对7个部分进行拼接才能实现。

飞机钛合金整体承力隔框

05　飞机发动机的核心——高温合金涡轮盘

2021年12月，中国最大高温合金涡轮盘锻件首制成功。该高温合金涡轮盘锻件的直径为2.38米、质量为13.5吨，能够在650摄氏度的高温下使用，突破了西方国家的技术封锁，标志着我国在先进工业发展上取得了又一个出色成果。

高温合金涡轮盘工作的场所是涡轮发动机。高温合金涡轮盘就像一串糖葫芦一样串在涡轮轴上，涡轮叶片安装在高温合金涡轮盘的圆周上，共同组成涡轮。从发动机燃烧室里出来的高温高压气流冲击涡轮叶片，带动涡轮高速旋转而输出动能，该设备被广泛应用于船舶、航空、电力等领域。

高温合金材料被誉为"先进发动机基石"。高温合金涡轮盘要承受六七百摄氏度的高温和每分钟上万转的巨大离心力，要求高温合金材料晶粒小、组织均匀，这

中国最大高温合金涡轮盘锻件成功首制

正是等温锻造工艺所擅长的。正因为中国拥有了大吨位模锻压机，才实现了高温合金涡轮盘的整体锻造。

06　机腿——飞机主起落架外筒

起落架装置是飞行器重要的具有承力作用兼操纵性的部件，在飞行器安全起降过程中担负着极其重要的使命。起落架是飞机起飞、着陆、滑跑、在地面移动和停放必然需要的支持系统，是飞机的主要部件之一，其性能直接关系到飞机的使用与安全。

主起落架是唯一能够支撑整架飞机质量的部件，主起落架外筒被工作人员亲切地称为"机腿"，是C919国产大飞机上最大、最复杂的关键承力锻件，也是C919国产大飞机主起落架上最后一个实现国产化的锻件。目前，中国的8万吨模锻压机成功制造了从C919国产大飞机到国外的空客、波音的大飞机主起落架外筒。这说明中国已经有能力生产众多国内外不同型号飞机的主起落架外筒了。

锻造飞机主起落架外筒的功勋装备是8万吨模锻压机。有了这台8万吨模锻压机，中国二重集团已经成为世界上主要的飞机"机腿"生产基地，不仅在飞机主起

第一章 有"大"方能为天

正在锻造的大型客机主起落架外筒

落架外筒一锻成形上具有了制造实力，还能制造主起落架活塞、活塞杆和钛合金缘条等，为中国的大飞机项目保驾护航。另外，8万吨模锻压机能够制造航空、航天、海洋、核电、轨道交通、舰船动力、汽车等诸多领域的大型锻件，覆盖钛合金、高温合金、铝合金、超强钢、结构钢模锻件和工业机器人等。

功勋装备：锻造飞机主起落架外筒的8万吨模锻压机

07 最粗的腰——10米级超大型铝合金环件

从10米级火箭贮箱的图中可以看出来，右侧的重型卡车在它面前简直像玩具车，瞬间"缩小"了很多。中国是继俄罗斯、美国后，世界上第3个具备10米级超大直径火箭贮箱研制能力的国家，10米级火箭贮箱为我国重型运载火箭工程发展奠定了坚实基础。

这个10米级火箭贮箱，是为重型运载火箭"长征九号"研发的，该火箭将是全球最大的火箭之一，在研制成功后，其低轨道运载能力将达到100吨以上，地月转移轨道运载能力将达到50吨以上。

重型运载火箭代表一个国家一次性进入太空的最大能力，是人类进行大规模深空探测、开发、应用和载人星际飞行的关键支撑。"长征九号"是往返月球的重要工具，也是中国载人登月计划里的关键装备。

10米级火箭贮箱整体过渡环是运载火箭的一个重要部件，成年男子站在这里显得身形非常小。该部件由铝合金制成，是连接重型运载火箭贮箱的筒段、前后底与火箭的箱间段的关键结构件，是推动我国重型运载火箭研制取得新突破的关键部件。火箭有多粗，铝合金环的直径就要有多大。为了实现质量小、强度高的目标，这个铝合金环最好是整体锻造成形的。正是有了能力超强的水压机、油压机，10米级火箭贮箱整体过渡环的整体锻造才成为现实，使中国重型运载火箭的研制和航天梦的实现迈出坚实的一步，助力中国探索更遥远的太空。

特别链接

5、为什么火箭越来越胖

运载火箭，能把人或货物"送上天"。它能运多少货物，取决于它的运载能力有多大，以及能装多少燃料。

装燃料的地方，叫贮箱。贮箱越大，装的燃料越多，火箭就飞得越远。这也是导致火箭越来越胖的一个重要因素，在"火箭圈"，"胖子"是很有实力的。

用一个趣味算法来看，把宇航员及他们吃穿用的物品，用"空中快递小哥"送到空间站，按照发射一次消耗1亿美元来计算，以长征五号"胖五"一次发射25吨来计算，平均下来，每千克需要4000美元。

有人推算过，马斯克的猎鹰9号火箭按照一次性发射费用6975万美元来计算，近地轨道运力为22.8吨，则每千克需要约3000美元，性价比十分出色。

装得多，飞得远，更划算。要想飞得远，就得多装燃料。从全球空天竞争来看，美国、俄罗斯等国家都有一定的实力，把火箭做胖不是有多大的本事，重要的是，胖的效益得可见、可衡量。

以中国为例，从1970年"东方红一号"卫星发射成功，截至2024年11月9日，长征系列运载火箭已经进行了544次发射。火箭也从瘦长型的直径2.25米，长胖到3.35米，再到"胖五"家族芯级贮箱直径5米，最新研制的重型运载火箭长征九号的芯级贮箱直径则为10米级，在一次次变胖的过程中，能力也在变强。未来，近地轨道运载能力将达到150吨，地月转移轨道运力将达到50吨以上。

从这里 爱上实业

第四节
锻压实力"藏拙"又亮剑

本节以涡轮机维修为例介绍装备的底层实力,希望能带来一点思考。

一旦一个国家缺少类似涡轮机这样的核心装备,就很难避免陷入被动局面。就像俄乌冲突时,围绕北溪1号天然气管道输送问题,俄罗斯和欧洲打了一波又一波"口水战"。北溪1号是俄罗斯向欧洲输气的主要管道,而在欧洲为冬天储气的时候,俄罗斯宣称,北溪1号的涡轮机(由德国西门子公司制造)需要进行维护,不得不把输气量降到平时的20%,这打乱了欧洲冬季储气节奏。涡轮机是天然气管道的重要装备,直接影响着天然气管道的输送能力。俄罗斯对欧洲国家提供的天然气占欧洲国家天然气的40%左右,一旦减少供气,势必影响欧洲的采暖,双方的博弈一直存在。此后,俄罗斯表示要从伊朗进口40台涡轮机。但是,争吵归争吵,航空发动机大国俄罗斯却造不出高规格的涡轮机,不免让人慨叹。如果这台涡轮机,俄罗斯能够自己造,那么,输送天然气的故事恐怕要改写了。

作为一个大国,不仅要有这些核心装备,还得"能制造"。这些核心装备是基石、是母机、是孵化器、是压舱石,是一个国家工业的根本支撑。

如果把一个国家的工业体系比作人的身体,那么这些核心装备,就是人的核心肌群,只有拥有强壮的核心肌群,人才能不断驱动自己前进;对于一个工业体系来说，这些核心装备是必不可少的，不可受制于人。正是有了这些核心装备，才能制造更多的核心装备，并积蓄更大的能量。但是，要想在新一轮工业革命中拥有更大的竞争力、更强的主动性，不能只有这些核心装备，就像人一样，不能只有骨骼，还得有经络、有血肉、有皮肤。

随着新技术的发展，新材料不断涌现，它们可能是具有特殊性质的声、光、电、磁、热等功能材料，也可能是在强度、韧性、硬度、弹性等方面具有优势的结构材料，它们必将对锻造技术、工艺、装备提出更高要求。

无论是在材料研发还是在制造工艺上，都要夯实根基，才能探索更高远的星空、更辽阔的深海，才能给民众带来更美好的生活。这服务于工业体系的全方位发展，是一个国家的实业根基，也是一个国家在未来的竞争中能够拥有的真正实力。

中国实业正在砥砺前行。实业是经济发展的压舱石，是国家的基石与命脉。这里没有点石成金的神话，没有一夜暴富的传说；这里有的，是一步步坚守的勇气，是一寸寸前行的初心，我们要坚守实业，不忘初心。

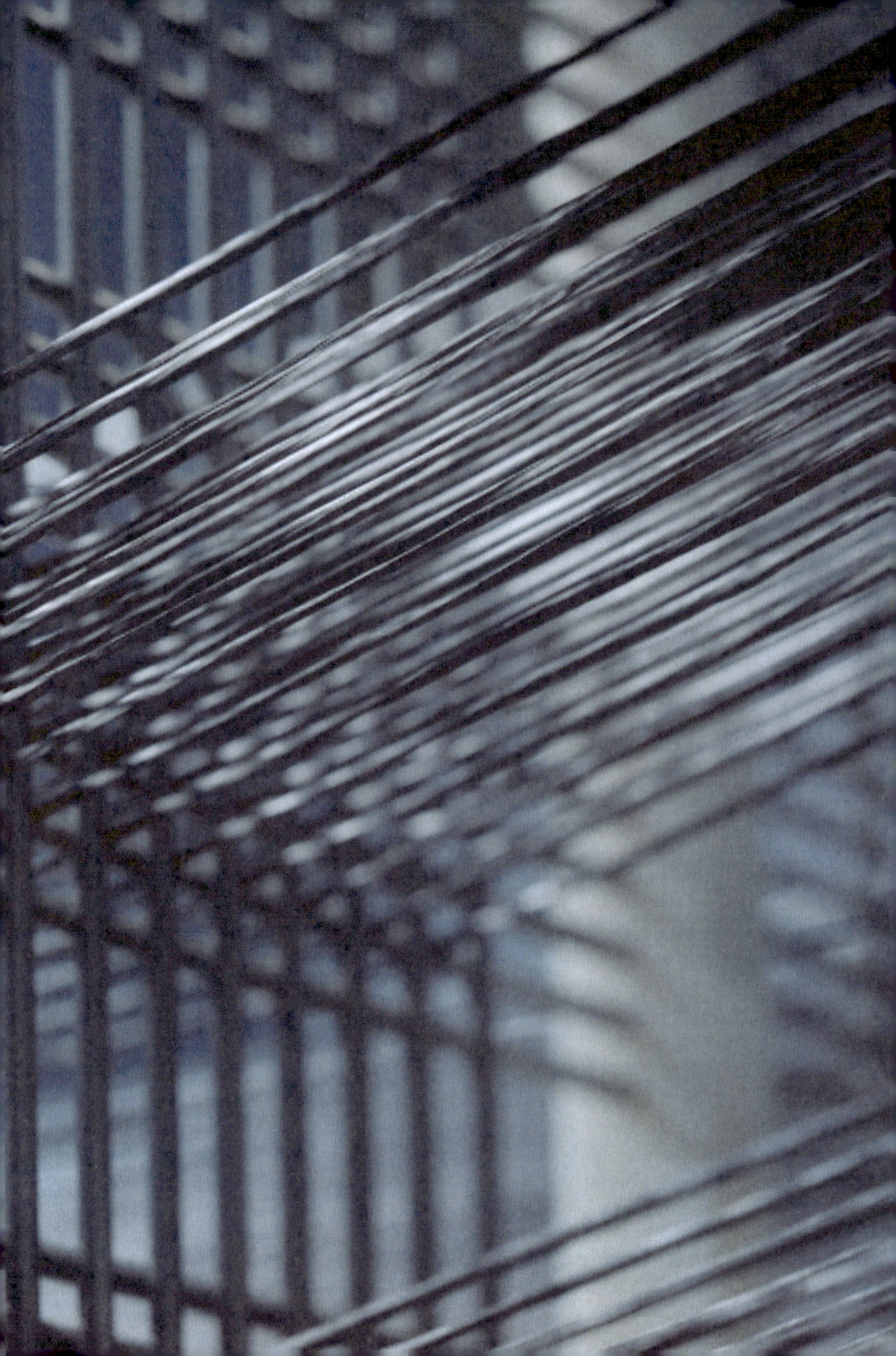

从这里 爱上实业

Chapter Two
第二章

"叶"有千千结

九成的国家造不了飞机，竟然是因为叶片

飞机的叶片看似不起眼，却是飞机的发动机之魂。叶片的功效是进气、压缩、燃烧、推进，难的是需要长时间在超高速、超高温的工况下运行，比孙悟空进太上老君的八卦炉还要有挑战性。

最高三万转的速度要求叶片不仅要结实，还要克服离心力，那是相当于叶片自身重量1万倍的拉力，更"要命"的是这些都是在1500摄氏度到1700摄氏度的高温下持续进行的。

炼钢的熔炉，大概也是这个温度，一般的金属材料在这样的温度下都会熔化，别说正常工作，更别说提供动力了，因此要做成能在这样的环境下有效工作的部件，会对材料、工艺、装备等带来极高的挑战。

因此，叶片被称为"工业之花"。

第二章 "叶"有千千结

第一节
叶片隔开的艰难考题

C919国产大飞机首次商业飞行抵达首都机场的过"水门"仪式

2023年5月28日是一个载入史册的日子。

C919国产大飞机首次执飞商业航班，载客130人，航班号为MU9191，从上海市飞抵北京市，穿过象征民航最高礼仪的"水门"。

几代航空人经过数载努力，跨越星辰大海，中国人终于可以乘坐自己的大飞机了。

涡轮风扇发动机涡轮叶片

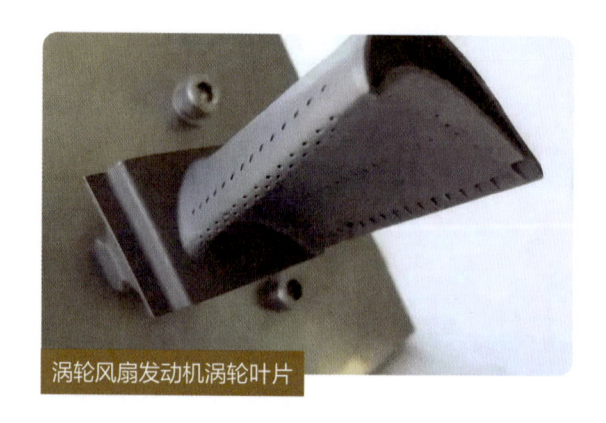

但是，星光闪耀之时，有些现实依然残酷：C919国产大飞机的发动机不是国产的。

其中，叶片就是横亘在其中最艰难的一道考题。

叶片的制造工作量和科技含量，占整个航空发动机的30%以上。其中，涡轮叶片在发动机叶片中的价值占比又超过60%。

当航空发动机工作时，安装在叶盘上的十多级、数千支叶片，从空气进入发动机开始，逐级推进，完成对气体的压缩与膨胀，并以最高的效率产生强大的动力，推动飞机向前。

涡轮叶片要在1500摄氏度甚至更高的温度下工作。

涡轮前温度有多高，决定了飞机的推力有多大。这成为衡量某型号发动机先进程度的重要标志，也是衡量一个国家航空工业水平的显著标志。

不过，迄今为止，在人类发现的元素周期表中的118个元素中，没有一种金属元素能在这样的高温下维持常态。

既然没有哪种金属元素可以单独胜任，那有没有其他办法可以将两种或多种金属元素结合，以制造涡轮叶片呢？

于是，就诞生了各种合金。

20世纪40年代，人类开始研制高温合金，此后的80多年，经过数次迭代，把涡轮叶片的承温提升到了1600摄氏度，并将该涡轮叶片应用到了第五代航空发动机上。

一代材料，一代装备；一代新材料，一代新型发动机。在未来航空发动机性能的提高中，新材料的贡献率将达到50%以上。可以说，几乎所有高精尖材料都用在了航空发动机最核心的部件上。

制作涡轮叶片的材料及其生产工艺，是航空强国和航空发动机设计生产厂家的核心技术和国家级机密，不会转让。那么出路只有一条，就是自己研发制造。

1957年，我国开始研究高温合金。

师昌绪院士发展了我国的铁基高温合金，研制出了我国第一支涡轮叶片，用916铸造高温合金、铸造镍基高温合金（M17合金），做出了我国第一支9孔铸造镍基高温合金空心涡轮叶片，也因此被尊为"中国高温合金之父"。

此后，我国铸造涡轮叶片的材料超过20种，并进一步拓展了高温合金、陶瓷复合材料等的研制。

突破材料关，还远远不够。

要制造出高品质的叶片，还得闯过工艺和科技关。一台发动机有数千支叶片，每支都有它的使命，必须保证数千甚至上万个小时的正常运转。

怎么才能让这些材料适应1500摄氏度甚至更高的工作温度呢？

科学家们想了各种办法，先在叶片的设计和制造工艺上下功夫。

既然不耐热，那能不能给叶片降温呢？

想必大家都有过这样的感受，在炎热的夏天，如果你坐在过道里，一阵风吹过，会瞬间觉得凉爽。于是，这种"穿堂风"就被应用到了叶片的设计上。

于是，在巴掌大的叶片上设计了无数个密密麻麻的小孔，方便冷空气流过，在叶片表面形成一层气膜，能够阻隔高温燃气、保护叶片表面。

如何在叶片上钻出这些小到直径以毫米计的孔道呢？

事实上，它们是铸造出来的。

涡轮叶片作为热端部件，在高温条件下，要有足够高的韧性和抗疲劳性能，材料为高温合金，加工方式为精密铸造。

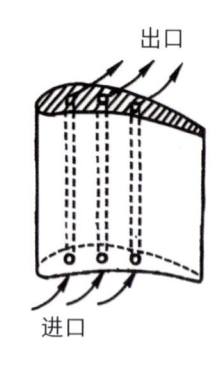

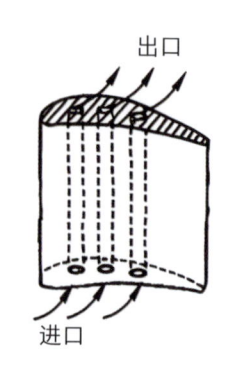

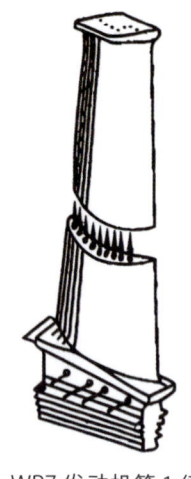

圆孔形冷却叶片流道　　　扁孔形冷却叶片流道　　　WP7 发动机第 1 级
　　　　　　　　　　　　　　　　　　　　　　　　涡轮转子叶片

冷却叶片流道示意图

一种古老的方法被应用于航空发动机涡轮叶片的铸造，这就是失蜡法。

中国作为四大文明古国之一，是世界上唯一一个文明没有中断的国家，很多出土文物都是历史的明证。

青铜器作为中国古代文明的重要标志，已有5000多年的历史。可以追溯到春秋时期的铸造方法——失蜡法，就是用蜡料做模，浇铸出细密多层次的花纹和弯曲复杂的器型。至今，失蜡法在现代金属成形工艺中仍被广泛采用，也被应用于高温涡轮叶片的铸造中。

说起来简单，但是涡轮叶片孔道的制作要求非常高。从以下关键步骤中，可以领略一二。

- 制作陶瓷型芯，这是一种可以在特殊溶液中溶解的材料；
- 把陶瓷型芯放入模具中，注入蜡液，制备蜡模叶片；
- 在蜡模叶片表面，沾上陶瓷涂料和特殊砂石，形成陶瓷型壳；
- 陶瓷型壳经过高温处理，将内部蜡液完全脱除，形成空腔；
- 在空腔内，浇入1500摄氏度左右的镍基合金液体，形成涡轮叶片毛坯；
- 溶解涡轮叶片内部的陶瓷型芯，高温涡轮叶片的毛坯铸件制造完成。

此时，叶片还不能接受"烤"验，还需要给它"穿上"一层由耐热材料制成的"隔热衣"，再经过精加工，一支合格的涡轮叶片才算制作完成。

"隔热衣"应用的是目前普遍使用的热障涂层技术。

热障涂层是将耐高温、耐腐蚀、隔热性强的陶瓷材料涂覆在基体合金表面，提高基体合金的耐高温、抗氧化、耐腐蚀性能，降低合金表面工作温度的一种热防护技术。

目前，在涡轮发动机上得到实际应用的热障涂层都具有双层结构：表层为陶瓷层，起隔热、耐腐蚀、抗冲刷和侵蚀的作用；内层为金属粘结层，能够改善金属基体与陶瓷层之间的物理相容性，增强涂层的耐高温、抗氧化性能。

让人类"飞得更快"，除了要迭代叶片材料、制造工艺，还要在飞机结构上攻关，其中一项就是提高涵道比。

涵道比，又称旁通比，是涡轮风扇发动机外涵道与内涵道空气流量的比值。内涵道的空气进入燃烧室与燃料混合，燃烧做功；外涵道的空气不进入燃烧室，而是与内涵道流出的燃气混合后排出。外涵道的空气只通过风扇，流速较慢，且具有低温，内涵道排出的是高温燃气，两种气体混合后，降低了喷嘴平均流速与温度，带来了较高的推进效率和较低的噪声，进而带来了较高的热力学效率，产生了更大的推力。

这就意味着，对于一台涡轮风扇发动机来说，作用于前端进气风扇的空气流量越大，涡轮风扇发动机的推力就越大。于是，增大风扇尺寸、增大外涵道的流量，涵道比就随之变大，这也是民用航空发动机肉眼可见地"长胖"了的原因。

但是，涵道比越大，发动机质量和尺寸就越大，对叶片强度和使用寿命的要求就越高。这是一个需要科学家们不断攻关的课题。

要想知道叶片做得好不好，精度够不够高，还得经过专业、严格的检测。

叶片的测量精度一般要达到 10 微米，有的甚至要达到 1 微米，1 微米是 1 毫米的 1/1000，相当于成年人一根头发直径的 1/60。测量精度不仅能直接反映制造精度，还能反映实际加工状态。

一台航空发动机的叶片有数千支，数量大、检测项目多，为了快速、高效地检测，目前西方发达国家普遍采用三坐标测量机，其适用性强、检测速度快、结果准确，

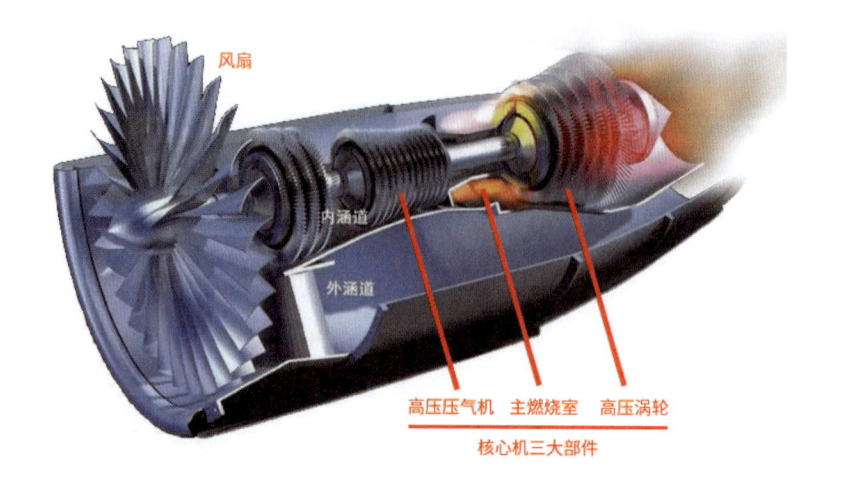

涡轮风扇发动机涡轮叶片结构示意图

也得到国内叶片生产企业的广泛应用。

叶片即使检测合格,也可能无法顺利进入市场,更无法顺利安装在飞机上。因为任何零部件都需要取得适航证,需要得到市场的认可;而获得这个证并不容易,少说也需要几年。

2023年,欧洲航空监管机构曝光一则巨大丑闻:一家名不见经传的英国公司为空客A320和波音737飞机提供了伪造或来源不明的发动机维修零部件。

根据航空业的惯例,所有零部件必须做到可溯源,都要有一个类似"适航证"的准入证书,假冒零部件进入飞机供应链的情况罕见。

这次尚不清楚伪造发动机维修零部件的数量有多少,也不清楚有多少架飞机可能受到影响。而空客、波音在全球100座以上的民航大飞机市场中占据了约99%的市场份额,英国公司供应的伪造发动机维修零部件进入空客、波音,可以说事关全球飞行安全。

特别链接

6、航空发动机叶片的温度"烤"验

要想造出飞得快、推力大、载重高的大飞机，就得有动力强、效率高的发动机，就需要有承温能力高的叶片。

高端的航空发动机，所面对的最大考验，竟然是一支小小的叶片。

当我们登机时，会看到在飞机前部有一个像大风扇叶片一样的东西，其实，在它的后面是飞机的发动机。

我们所看到的是最外层的叶片，航空发动机的风扇叶片是第一层，从风扇叶片到压气机叶片再到涡轮叶片，前前后后分十多级，有数千支。

小叶片里藏有大乾坤。首先要通过风扇叶片将气体吸入，通过压气机将气体输送到燃烧室，燃烧后从尾喷管喷出，气流的反作用力推动飞机一路向前。

说起来原理不复杂，但是叶片要在"三高一腐蚀"环境下工作，尤其是高温涡轮叶片要承受1700摄氏度高温、数百兆帕的离心力、高达每分钟30000转的转速，还有燃油燃烧时所产生的热腐蚀，这就相当复杂了。还得在"三高一腐蚀"的恶劣环境下，保证安全飞行。

什么样的材料可以接受这样的"烤"验呢？

世界上没有哪种材料可以单独耐受这种高温。

从高温合金到单晶合金到复合材料，承温从800摄氏度跃升到1100摄氏度再到1200摄氏度，仍然不能满足1700摄氏度的工作温度。气膜、单通道、多通道等各种冷却技术的加入，终于实现承温1700摄氏度，人类得以在洲际自由穿梭。

飞机叶片材料的每次升级都是革新性的、跃升式的。正因如此，叶片成为航空发动机最贵的部件之一，一支从几万元到几十万元不等。

第二节
叶片的高天上流云

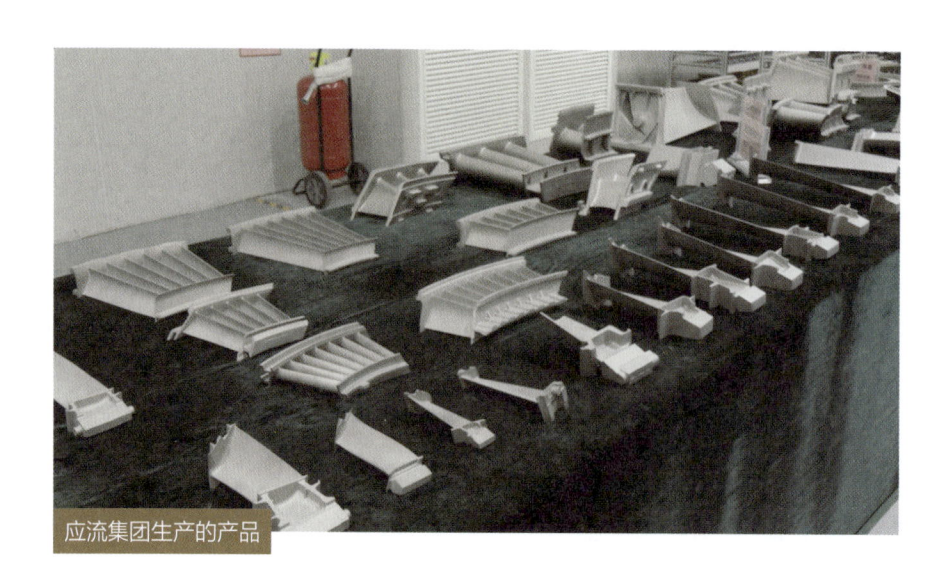

应流集团生产的产品

01　高温合金叶片铸造

在安徽省的大别山脚下,有一家民营企业——应流集团。2020年,应流集团被美国商务部列入首份公布的"军事最终用户清单",成为该清单中的58家中国机构之一,与其他带有"航发、航空、飞机"字样的中国企业并列。

这是因为这家从造小阀门起步的铸造企业，如今制造的却是航空发动机和燃气轮机用的高温合金叶片，成为国家级专精特新"小巨人"企业。

为了能成功转型，制造高温合金叶片，这家企业引入了价值15亿元的最先进的生产线，购入全球最先进的设备。这样的设备仅一台的售价就达到3亿元，而全球仅有3台。应流集团耗时两年，历经数千次试验，终于攻克了一种陶瓷芯技术，仅一次试验的材料费就达到30万～50万元。

经过8年攻关，这家企业生产的航空发动机高温合金叶片迎来大批订单，60%的产品出口，使用者不乏通用电气（GE）、西门子这样的大型跨国企业。应流集团成为拿到国外商用发动机热端叶片订单的极少数企业之一。此外，这家企业生产的22项关键零部件填补了国内航空航天、核电和海洋装备等领域的产业链空白。

从造阀门每吨产品只卖两三万元，到现在生产飞机叶片，每吨产品可卖数百万元，甚至上千万元。应流集团也因此被美国"关注"了。不过，由于美国本土没有制造这些叶片的企业，所以应流集团又被移出了上述清单。

特别链接

7、叶片背后的较量：大山里的"小巨人"

由20世纪90年代成立的一个农民汽车运输队演化而来的叶片生产制造企业，名为应流集团，它专攻铸造。

神奇的是，这样一家民营企业，却于2020年被美国纳入实体清单，受到制裁，不过它2023年又被移出了清单，应流集团在叶片制造上的实力，让业界离不了。

如今，GE在中国维修的叶片都由应流集团做热处理，对于C919、C929发动机上的叶片、机匣等，应流集团也成为供应商。应流集团的产品出口至40多个国家和地区的100多家客户，其中有13家世界500强企业。

这家位于大别山腹地的民营企业，从农民汽车运输队开始，在转型铸造后从造小阀门起步，没想到，一路逆袭，成长为"小巨人"企业，铸造航空发动机叶片、重型燃气轮机叶片、核电站核岛主泵泵壳等"国之重器"产品的核心部件。

为了生产航空发动机和燃气轮机高温部件，应流集团投入 3 亿元引进了全球只有三台、国内唯一的大型热等静压设备；"两机"高温部件生产线一期投资超过 15 亿元，设备来自全球 7 个国家。

02　叶片热障涂层技术

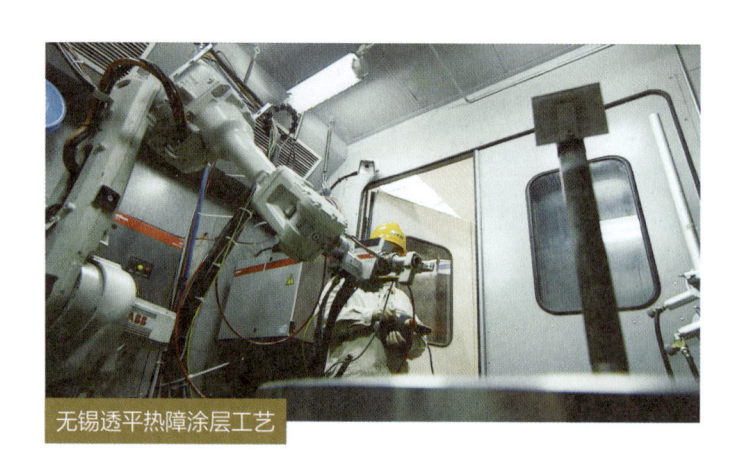

无锡透平热障涂层工艺

同样被列入"军事最终用户清单"的企业，还有无锡透平叶片有限公司（以下简称"无锡透平"）和无锡航亚科技股份有限公司（以下简称"航亚科技"）。

在攻克"卡脖子"核心技术之一的热障涂层制备上，无锡透平卓有成效。从无到有开始攻关，用钱可以买来设备，但买不来技术与工艺，只能自己不断摸索，测试喷涂机械手的弯曲角度、喷涂方式、涂层厚度、喷涂成分、喷涂时间等各种参数。每次喷涂试验，都是一次从头开始的未知考验。科研团队一次次试错、一次次调整、一次次反思、一次次从头再来，终于攻克了这个关键技术。

无锡透平不仅成为英国罗尔斯·罗伊斯公司长达十年的供应商，还获得了"供应链金奖"。

如今,无锡透平承担起重型燃气轮机自主化透平叶片、C919国产航空发动机热端涡轮叶片研制等重大项目,向着更高的目标前进。

03 叶片精锻技术

航亚科技叶片生产

在"精锻近净成形"与"精密机加工"两大重点技术领域,航亚科技具有较强的工程技术能力。

在涡轮风扇发动机中,涡轮叶片属于热端部件,一般采用精铸工艺;风扇、压气机叶片属于冷端部件,采用精锻工艺。

航亚科技攻关的正是航空发动机压气机叶片,所采用的"精锻近净成形"技术,也是欧美发达国家在航空发动机零部件生产中普遍采用的技术,与传统机加工相比,可以大幅提高材料利用率。

有人计算过,对于某些型号战斗机的钛合金整体加强框,采用模锻技术制造的材料利用率只有5%左右;而采用"精锻近净成形"技术,仅需进行少量加工或无须加工,就可用作机械构件,该技术是航空发动机零件制造技术的主流发展方向之一。

航亚科技不仅为 C919 国产大飞机提供发动机叶片，还是全球主流航空发动机厂商赛峰、GE 航空发动机叶片的供应商。

在 40 多年内，无锡市聚集了 30 多家专注于生产叶片及其配套装置的企业，建成了我国高端发动机叶片制造基地。

特别链接

8、航亚科技的成长机遇：源于专注

航亚科技于 2020 年登陆科创板，而它只是成立于 2013 年的一家民营企业。仅仅 7 年，就取得如此快速的成长，源于企业的专注，也源于背后的制造实力。

回到 2014 年，学材料出身的航亚科技董事长严奇在离开国企前，已经深耕叶片 10 多年，并带领企业专攻能源汽轮机叶片，打造了当时国内能源领域最大的叶片专业化工厂。

在创办航亚科技时，严奇想专注做航空发动机叶片，聚焦"窄"领域。一个航空发动机，平均要装精锻叶片 1000～2000 支。他坚信，当时刚起步的中国精锻叶片，一定会在国际市场上占有一席之地。

航亚科技成立大半年，没有任何销售收入，"烧钱"进行工艺试验、技术培训、质量认证，一年半后，航亚科技拿到了行业准入、客户资质要求、质量体系认证等，这在行业中算是速度快的。

一年多的准备，让航亚科技等来了一个好机会。

由美国通用电气和法国赛峰联合设计生产的 LEAP 发动机，启动了全球供应链配套建设项目，严奇敏锐且果断地抓住这一机会，通过"烧钱"积累起来的强大的叶片精锻实力，使航亚科技成为 LEAP 的压气机叶片核心供应商。截至 2021 年年底，航亚科技向赛峰和通用电气累计交付了超过 150 万支压气机叶片，小叶片"转"出国际大市场，"窄"市场走出"宽"跑道。

> 如今，航亚科技已经从单一的压气机叶片制造，逐步拓展到整体叶盘、涡轮盘等其他关键零部件的制造，再到进一步的单元体组件的集成制造。航亚科技成为中国航发集团、法国赛峰集团、英国RR公司、美国通用电气公司的长期合作供应商。

04　叶片材料突破

更加可喜的成就产生于2021年，中国科学院金属研究所，这个师昌绪院士工作了一辈子并诞生了我国第一个高温合金的地方，其钛合金项目团队用10年时间，经过无数次试验，成功研制了钛铝叶片，取代了主流的镍基高温合金叶片。

用钛铝合金材料制作的涡轮叶片，可以实现发动机涡轮盘和涡轮叶片的大幅减重，大大提高发动机效率；这种叶片也用在C919国产大飞机的发动机上。

目前，新型涡轮叶片已经装机考核。

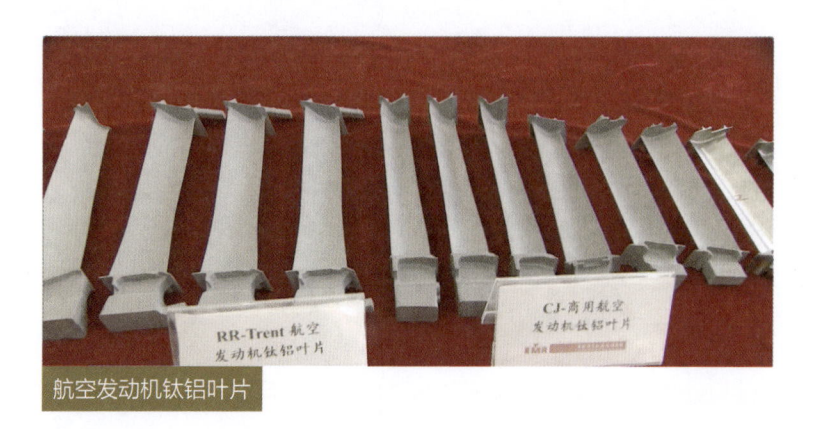

航空发动机钛铝叶片

第三节
"叶"有千千结

无论是航空发动机,还是高温涡轮叶片,全球能够制造这些设备的国家屈指可数。

航空发动机不仅集中了现代工业最尖端的技术和最先进的工业成果,也体现了一个国家的综合国力、工业基础和科技水平,其发展对上下游产业有强大的带动作用。

以这朵"工业之花"顶端的涡轮叶片来说,它处于温度最高、应力最复杂、环境最恶劣的部位,因此被列为第一关键件,并被誉为"王冠上的明珠"。

这颗闪耀的明珠雄踞制造业的塔尖,串联起一系列高精尖行业,如新材料、先进工艺、工业设计、智能制造等,推动一个国家制造能力的整体提升。

正因如此,这些产品可以买,这些技术却永远买不来。

01 燃气轮机叶片

2012年,国家推出"航空发动机与燃气轮机"国家科技重大专项,也就是俗称的"两机"专项。

燃气轮机,能够与航空发动机并肩纳入国家专项,是因为它不仅为船舶、军舰等提供动力,还为石油、天然气等的长输管线提供动力,在国家工业中,占据重要的地位。

制作完成的燃气轮机叶片

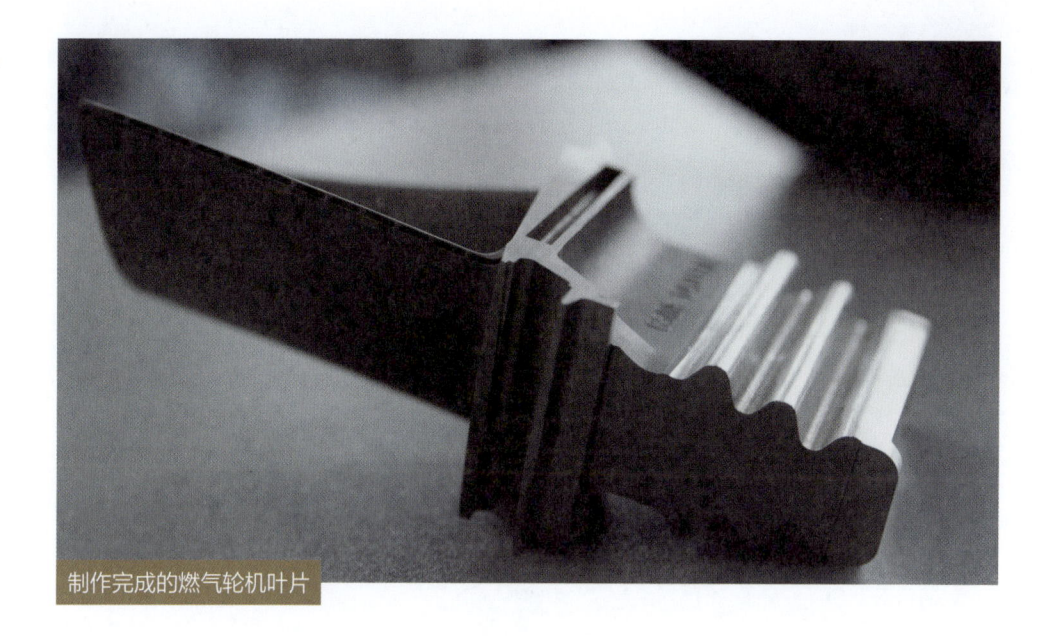

我国目前正在运营的重型燃气轮机主要由GE、西门子、三菱等国际厂商与国内厂商合作生产。

这就带来一个很严重的问题：压气机、燃烧室、高温透平叶片这三大核心部件，需要定期更换。但是，国际合作仅限于卖产品，国际厂商不予转让设计与制造核心部件的技术。无奈之下，只能花费大量资金从国外购买这些高温部件，尤其是重型燃气轮机的高温透平叶片，每8～10年就需要更换，更换和服务费用相当于购买一台新的燃气轮机。

长期以来被"扼住喉咙"的痛苦，归根到底，源于此前我们没有研制能力。

重型燃气轮机只有极少数国家能够自主研制。

国际上，燃气轮机按照燃烧温度划分：1100摄氏度为E级，1200摄氏度为F级，1400摄氏度为H级。等级越高，燃烧温度越高，热效率也越高。

重型燃气轮机的研制存在两个难点：一是零部件重，二是制造难。重型燃气轮机由数万个零部件组成，涉及机械、冶金、材料、化工、能源、电子、信息等诸多领域，涵盖气动力学、工程热力学、燃烧学、结构力学、控制理论、材料学、制造工艺等基础学科和工程技术的交叉融合，它的研制集中体现了一个国家的科技水平和综合国力，也因此拥有"工业制造皇冠上的明珠"称号。

中国没有重型燃气轮机的状况在 2023 年得到了里程碑式的扭转。

这一年，我国首台自主研制的 F 级 50 兆瓦重型燃气轮机发电机组 G50 正式投入商业运行，这是一次"零的突破"。

为了研制这款 G50，科研人员花费了 13 年时间。

它的第一声轰鸣，宣示着从"0"到"1"的科技突破。中国有了 100% 纯国产的重型燃气轮机，这是一台名副其实的"争气机"。

重型燃气轮机叶片示意图

重型燃气轮机的高温透平叶片是核心部件，工作温度可达 1300 摄氏度以上，和航空发动机的涡轮叶片一样，被设计成空心结构，涂上一层隔热保护层——"热障涂层"。

今天，中国已经掌握了高温透平叶片从制芯到浇铸成形的一整套核心技术。

当然，我们的重型燃气轮机与世界先进水平还有一定的差距，在追赶的路上依然需要不懈努力。

特别链接

9、烈焰灼心：重型燃气轮机是如何制成的

重型燃气轮机一般用于大型发电机组、船舶舰艇、坦克等，都是要害、关键，是"出大力"、展示实力的地方，也是外国对中国限制出口的领域。

早年，中国的052型驱逐舰采用外国的燃气轮机——这是舰船的心脏，燃气轮机的引进被突然中止，使得舰艇发展受阻。后来，我们与世界燃气轮机巨头合作，但是技术是买不来的，只要是重要的参数调整，都不允许中国工程师在场。这种感受是无法名说的"烈焰灼心"。

20世纪90年代，中国启动国产燃气轮机研发工作。

按照燃烧温度，重型燃气轮机分为E级、F级、G/H级、J级，其中F级是目前在役的主流机型。

重型燃气轮机的制造难度相当大，以其中的叶片为例，要在高温、高压、巨大离心力的作用下，以每分钟约6000转的速度安全运行。有学者称，除了量子力学，其他的力学原理几乎全部用上了。

叶片所用高温合金材料的熔点约为900摄氏度，工作温度为1100摄氏度以上，相当于让"冰块在沸水中也不融化"。在手掌大小的叶片上，开设的冷却孔达400多个，加工精度在0.1毫米以内，叶片表面有100微米厚的陶瓷涂层，其厚度误差须控制在15微米以内，制造精度极高。

在300多家单位的共同攻关下，2023年，我国首台F级50兆瓦重型燃气轮机投入商业运行，这是一个历史性的突破。

从引进、合作到自主创新，中国走过了数十年的历程。

解决了"心"问题，才能驶向更辽阔的未来。有道是"心有多大，舞台就有多大"。

02　汽轮机叶片

组装完成的百万千瓦汽轮机低压转子

汽轮机是现代火力发电厂的主要设备之一。燃煤电厂、核电站，以及冶金、化工、舰船动力装置等，都离不开汽轮机，它代表着一个国家的工业综合实力。

当汽轮机工作时，叶片要承受高温、高压、巨大的离心力、蒸汽力、蒸汽激振力、腐蚀、振动及湿蒸汽区水滴冲蚀的共同作用。

叶片的好坏，直接关系到汽轮机能量转换效率的高低。

世界上第一台汽轮机诞生距今已有 100 多年，发电功率从数千瓦提升到了今天的数百万千瓦。

在这一领域，中国已经走在了世界前列。

中国制造的 2 台超超临界百万千瓦机组，实现了 270.6 克/千瓦时的发电煤耗，打破了丹麦电厂保持的世界纪录。随后，中国于 2020 年制造了世界首台 135 万千瓦发电机组，预期把电厂供电煤耗降低到 251 克/千瓦时。这意味着，每节约 1 度电，就会节约数百克煤。

中国有 60% 以上的发电量来自燃煤电厂，中国的燃煤发电量占全球的 50%。

03 水轮机叶片

百万千瓦水轮发电机组的转轮和叶片

一台百万千瓦水轮发电机组运转一个小时可以产生约100万千瓦的电，能够满足一个现代家庭250年的用电需求。百万千瓦水轮发电机组是当之无愧的"水电巨无霸"。

一台百万千瓦水轮发电机，运转一个小时可以节约300吨标准煤，这在世界各国提升可再生能源利用能力、追求利用绿色能源的发展趋势下，显得尤为重要。

为了制造这台"水电巨无霸"，中国工程师们进行了大胆创新。

百万千瓦水轮发电机组由超过7000种零部件组成，是世界上单机容量最大的水轮发电机组，安装在白鹤滩水电站。该水电站是世界第二大水电站，仅次于三峡电站。

决定百万千瓦水轮发电机组功率和效率的关键部件是转轮。转轮是百万千瓦水轮发电机组的"心脏"；叶片是这个"心脏"的核心部件。

叶片的设计决定着百万千瓦水轮发电机组的过流能力、水力效率、空蚀性能及整个机组的运行稳定性。

这台转轮高 3.92 米、直径为 8.62 米、质量为 350 吨。它的三大关键部件上冠、下环和叶片，都是铸造而成的。

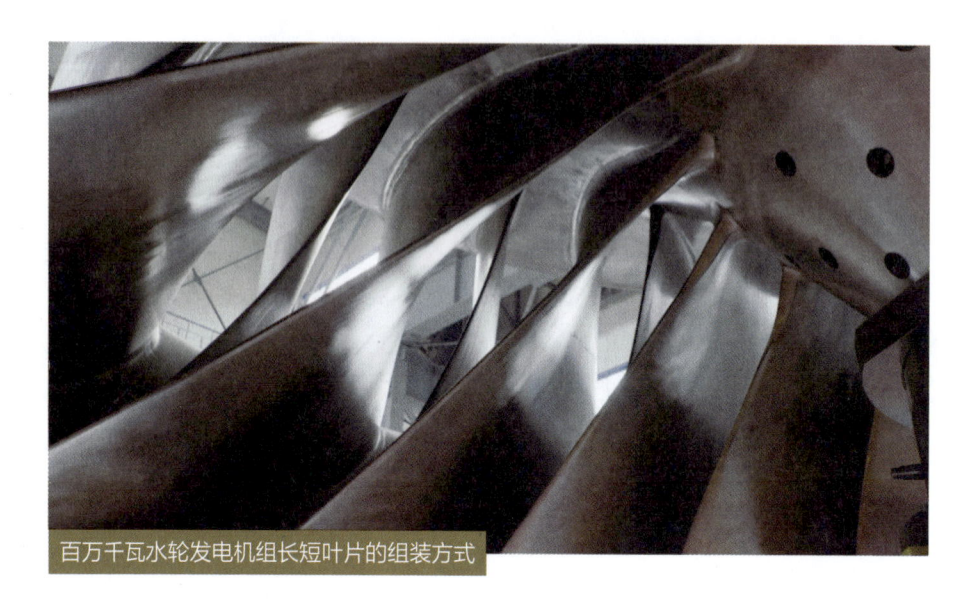

百万千瓦水轮发电机组长短叶片的组装方式

在设计上，中国工程师们开拓性地采用了长叶片和短叶片相结合的方式，替代传统转轮叶片长短一致的方案，使百万千瓦水轮发电机组的效率提高了 0.5 个百分点。

百万千瓦水轮发电机组不仅设计大胆，安装更是突破性地实现了零配重。零配重可以理解为自身无机械阻力，拥有近乎"绝对"的静平衡；也可以理解为：我们用一根手指，就能拨动这个 350 吨的大家伙。

实现零配重的难度可以从几个细节上看出来：质量为数十吨的长短叶片的质量差要精确到克，确保每支叶片都被安装在最合适的位置，且将定位精度严格控制到 0.01 毫米。

这是全球最大的百万千瓦水轮发电机组转轮首次实现零配重。以前破纪录都是外国的事，如今，这种具有超级难度的制造，中国也能够做到了。

20多年前,在建设三峡电站时,所有的水轮发电机组都由国外企业提供,当时的单机容量还是70万千瓦。

20多年后的今天,中国人把水轮发电机组的单机容量提升到了100万千瓦,成为世界第一。

这背后是整个制造业的升级,是制造实力的提升,是中国制造向中国创造迈出的坚实一步。

04　风电叶片

100% 我国自主知识产权的123米超长海上风电叶片

2023年6月,100% 我国自主知识产权的123米超长海上风电叶片,顺利安装在全球首台16兆瓦海上风电机组上,在我国福建省福州市平潭县附近海域转动起来,源源不断地输出风能。

风电叶片,作为风力发电机的核心部件之一,约占风力发电机总成本的15%～20%,风电叶片直径每增大6%,风能利用率可提高约12%。这也是风电叶片越造越大的原因，而叶片设计直接关系到风力发电机的性能及效益。

叶片长123米是什么概念？可以同时容纳300个成年人并排站在上面。

3支叶片与叶轮组装在一起，直径达到252米，比6架C919国产大飞机首尾相连还长。旋转起来，扫风面积相当于7个足球场那么大。机组轮毂距海平面152米，相当于50层楼高。

超大16兆瓦海上风电机组，在额定工况下，每转动1圈发电34.2千瓦时，相当于三口之家7天的用电量；每小时发电1.6万千瓦时，约相当于每分钟发电267千瓦时。

在它25年的设计生命周期里，单台机组平均每年可输送6600万千瓦时的清洁电能，可满足约3.6万户家庭一年的用电需求。

发电效率的背后，是风电叶片制造的实力，是人类对新能源、清洁能源的需求，是整个制造业链条对材料、设计、工艺、制造、检测等一系列环节的强大支撑。

特别链接

10、越长越来电：全球最大"捕风者"

细心的人会发现，现在看到的"大风车"（风机）越来越多，越来越大，叶片越来越长。

能把叶片做长是一种本事，体现的是制造水平，竞争的是发电能力。试想，一个小团扇和一个大蒲扇，哪个带来的风更带劲？

目前已经安装运行的最长的风机叶片的长度为143米，风机的风轮直径可达260米到292米，最大扫风面积为66966平方米，大小相当于9个足球场。这样一台风机的全年发电量可达8000万度，约等于9.6万户居民的年用电量。

第二章 "叶"有千千结

> 这个大叶片已经装在了 20 兆瓦海上风电机组上，这是全球单机容量最大、风轮直径最大的海上风电机组，由明阳智能自主研制，于 2024 年 9 月 26 日并网发电，中国海上风电正式进入 20 兆瓦时代。
>
> 这个海上"大风车"还可以抵御 17 级台风，在海南省吊装后，迎面遭遇超强台风"摩羯"，安全无恙，顺利通过大考。
>
> 好风借力，方能风生电起。海上风电资源丰富、不占用土地，是中国可再生资源发展的重点领域，也是全球风电发展的最前沿。
>
> 借力的捕风者就是叶片，从 100 米，到 123 米、126 米，再到 131 米、143 米。明阳智能钟情于海上风电，重情于海上风电，通过技术进步和产业升级，海上风电机组从最初的 5.5 兆瓦不断跃升到 20 兆瓦，叶片从最初的 76 米迭代到 143 米，在不久的将来，22 兆瓦风机将诞生，它安装后，将比巴黎的埃菲尔铁塔或纽约的克莱斯勒大厦等著名地标高，扫风面积达 75477 平方米。

19 世纪末期，诞生了世界上第一台风力发电机，它的功率只有十几千瓦，100 多年后，风力发电机的功率增长了 1000 倍，达到了兆瓦级。

中国作为世界风电第一大国，装机容量突破了 3 亿千瓦。这是中国在双碳时代应对气候变化做出的实际行动。

这离不开一个核心部件的升级迭代，它就是负责捕风的叶片。

无论是从结构、造型上，还是从制造材料上，风电叶片都发生了极大的变化。

叶片制造材料，由最初的亚麻布蒙着木板，发展至钢材、铝合金，再到目前的复合材料。如今，复合材料占整个风电叶片的比重甚至高达 90%。叶片外壳常采用玻璃纤维增强树脂，叶尖、叶片主梁则采用强度更高的碳纤维，前缘、后缘及剪切肋部位常采用夹层结构复合材料。

强度比钢材高 5 倍、比铝合金高 4 倍且质量更小的碳纤维材料，已经用于构成风电叶片主梁——它是叶片的主要承力部件，承受叶片总载荷的 80% 以上，重要性相当于人的脊柱。

风电叶片主梁

这支长 123 米的 16 兆瓦海上风电机组叶片的主梁就采用了碳纤维材料，质量减小了 20%，捕风发电能力随之增强。

碳纤维生产场景

如今，中国能够生产制造的最高等级的碳纤维为 T1000 级碳纤维，一束一米长的 T1000 级碳纤维质量仅为 0.5 克，却可以承受 500 千克，筷子粗细的一束 T1000 级碳纤维，可以拉动两架 C919 国产大飞机。

这种材料细如发丝、轻如鸿毛、强如钢铁，不仅用于风电叶片，还用于航空器、舰船、火箭、汽车等诸多领域，有"新材料之王"的美誉。

这种新材料非常昂贵，一吨 T1000 级碳纤维的售价达到 1000 万元。它的工艺复杂，制造难度堪比芯片，全球能够生产它的国家屈指可数，中国是其中之一。

> 特别链接

11、好马配好鞍：专属风电安装船

20兆瓦的海上"大风车"是怎么运输和安装的？

20兆瓦发电机组，包括机舱、三支叶片等机组设备，总重近800吨，这就需要有能够兼顾运输和安装的设备，也就是海上风电安装船。

海峰1001，正是专门为海上风电安装而设计的。这艘大船长133.8米，型宽50米，型深11米，作业海深70米，桩腿总长120米，可容纳100人，实现航速12节，在海上连续作业30天。

海峰1001由中交集团建造，是为满足海上风电深远海一体化需要而设计的，主要用于15兆瓦及以上机组设备的安装，甲板载荷达到6500吨，可以同时运载2套20兆瓦风电机组设备，起重能力为2500吨，是目前国内建造的起重能力最大的风电安装平台。

这艘大船还安装了定位精度高的DP-2动力定位系统，船艉设置了3台3000千瓦全回转推进器，船艏设置了3台2500千瓦艏侧推，右舷专门为安装大容量风机而设置了2500吨绕桩式全回转起重机和380吨辅起重机。

该海上风电安装船还配备了齿轮齿条式升降系统，有144个抬升单元，每个可以承受200多吨，可以一起用力，将重28000吨的船体抬离海面，形成一个稳定的工作平台。

超强的起重能力和高效平稳的升降系统，以及信息化和智能化，助力海上"大风车"顺利安装，把清洁的海上风能源源不断地输送到陆地。

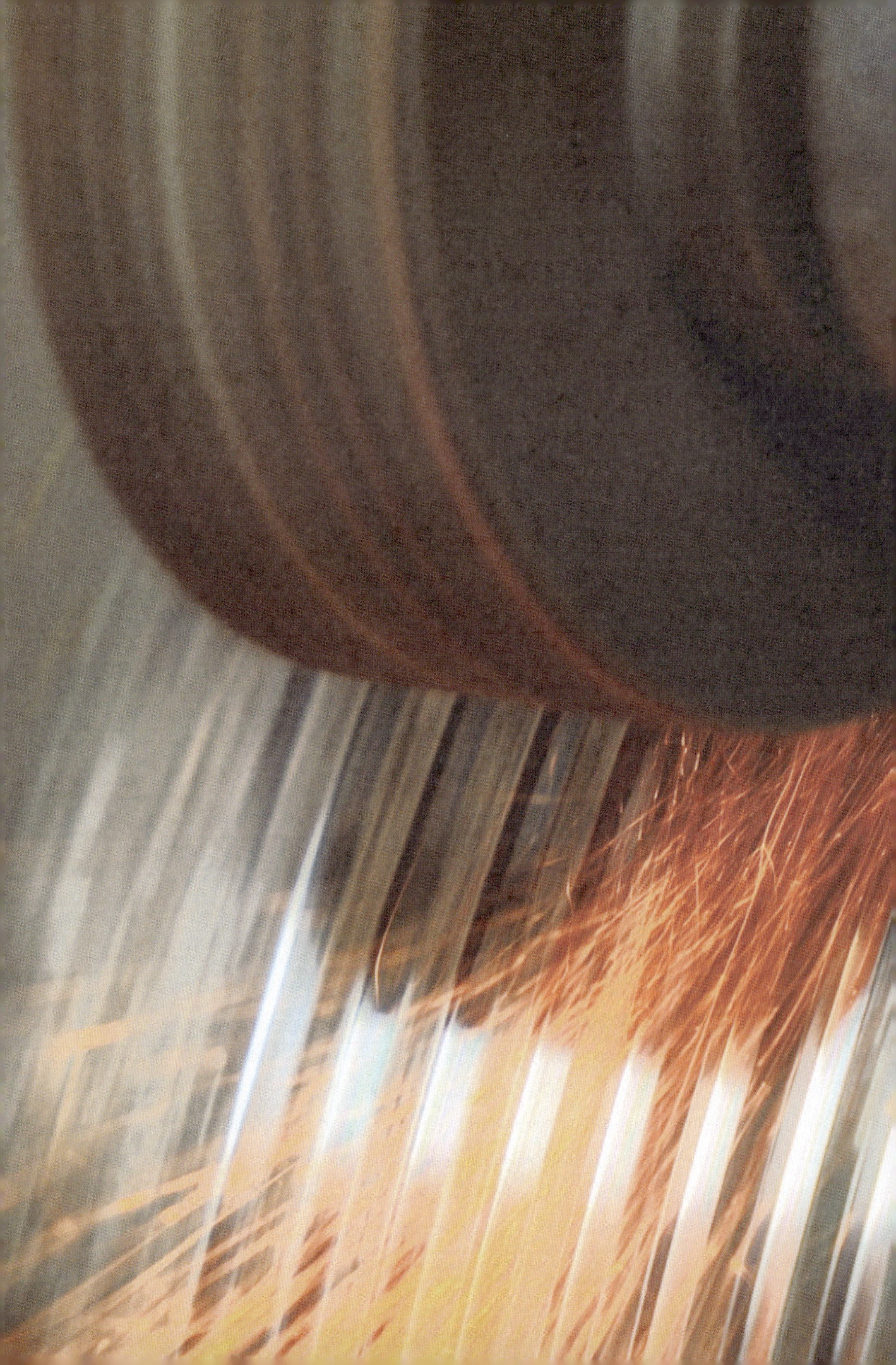

从这里 爱上实业

Chapter Three
第三章

管道春秋

别把管道不当"干粮"

▽

在工业世界,管道常被看作顶上功夫:采石油需要石油套管;造飞机需要各种油管、气管、液压管;做化工、制药、发电,需要高级别的加热管和冷却管;污水净化、海水淡化,还用上了高水平的陶瓷膜,那是国际一流水平的管状陶瓷,看着紧实圆润,实际上,在高压下可以渗出干净的水,同时滤掉不需要的物质。美好生活的连接,就是靠各种大管小管,燃气管、暖气管、人造血管、机器人手术操作管……说起来,管的天地管管有道、管管有料,制造它们着实不容易。

例如,石油套管在中国的经济发展中有着非同寻常的故事。现在看起来普通的石油套管,从中华人民共和国成立之初到改革开放之前,我国每年大量的外汇都用来买它,因为石油生产离不了石油套管,而我们当时又造不了。

核电站里的U形管,掌管核电运行的辐射安全,世界上只有几个国家能造。如今AI手术用的细管,对于我们来说还是一项对制造能力的挑战。

管道连接的技术和艺术是工业水平的直接体现。在现代化的工厂里,各种管道纵横交错,无论是普通的产品生产,还是高端精细的半导体制造,或者是严谨的大科学装置,都密布着大面积的管道,粗细不等,大小不一,看得见的、看不见的,管道的乾坤是一个超级大世界。

第一节
中国的石油套管情结

提及管道，就不得不提石油套管。

石油套管属于无缝钢管，是国家战略物资。

无缝钢管是国家工业建设和国防建设的重要原材料。无论是制造飞机、轮船、火车、汽车、锅炉、电站，还是输油、输气、输水，或者开发矿藏进行地质钻探……哪里都需要它，哪里也离不开它，它被誉为"工业的血管"。

石油套管是维持油井运行的生命线，主要用于支撑油、气井壁，保证钻井过程中和完井后整个油井的正常运行。对于每口井，根据不同的钻井深度和地质情况，要使用不同层数的石油套管。由于地质条件不同，井下受力状态复杂，拉、压、弯、扭应力综合作用于管体，这对石油套管本身的质量提出了较高要求。

石油套管下井后要采用水泥固井，不可重复使用，属于一次性消耗材料。一旦某种原因导致石油套管损坏，就可能导致整口井减产，甚至报废，损失高达数百万元甚至上亿元。

石油套管消耗量占全部油井管的 70% 以上，由此可见，石油套管非常重要。

石油套管

石油套管施工现场

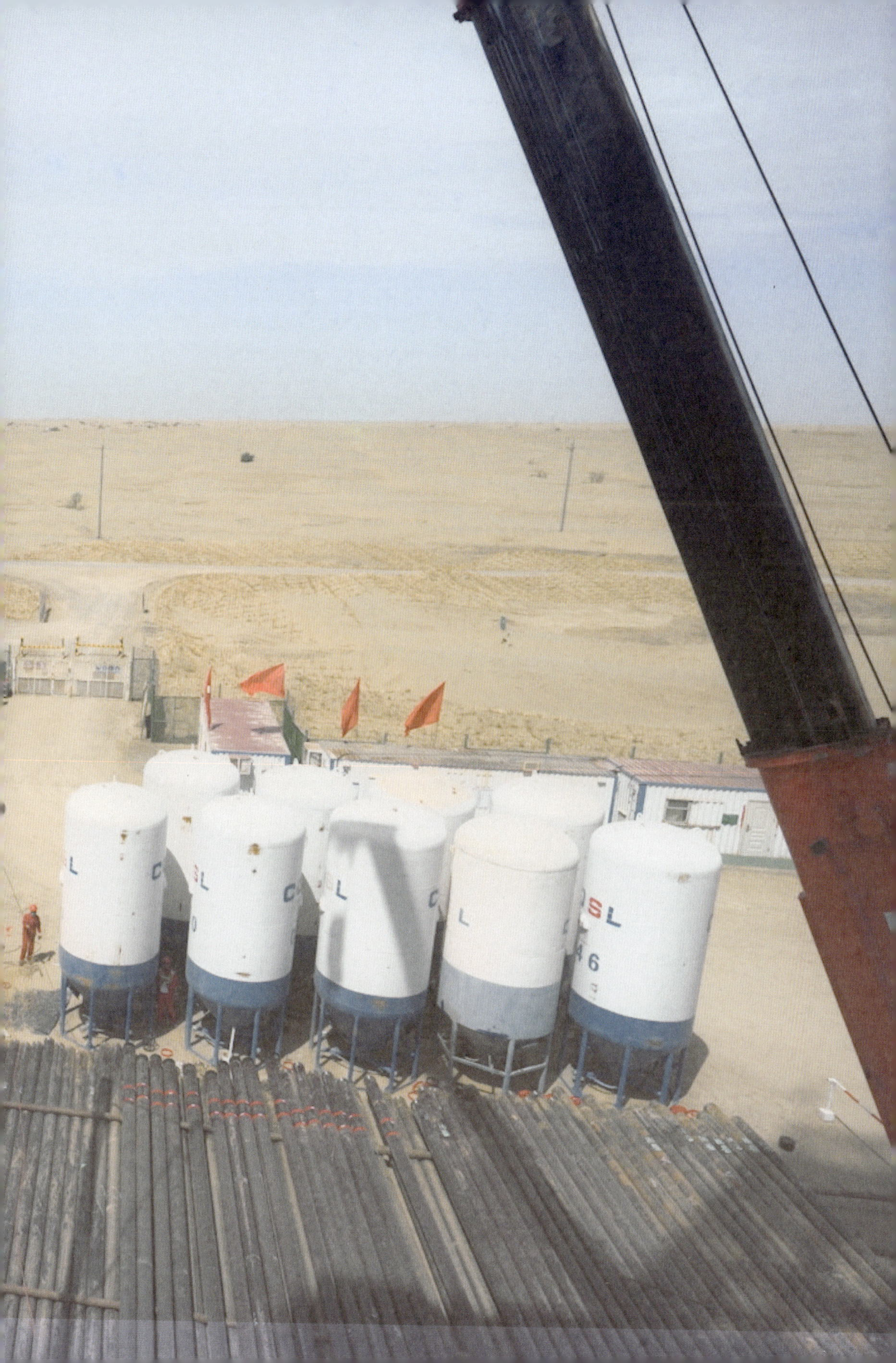

我国油气资源储备比较丰富，但是在中华人民共和国成立初期，我们没有石油套管，不得不花费巨额外汇进口。

1993年以前，我国使用的石油套管全部依赖进口。统计数据显示，1949—1993年，我国进口石油管材累计花费外汇75亿美元。直到改革开放前，中国年均外汇储备还不足5亿美元。使用进口石油管材开采出来的"黑色黄金"——石油，又必须出口，用于换取外汇。大庆油田从"满足自用"到每年出口石油，就为国家换取了数百亿美元外汇，这是一个不争的事实。

因为那时，从设备到技术，我国都无法生产无缝钢管。

这一状况的彻底改变，源自一家企业的诞生，也让这家企业在石油套管生产上有了"神一般"的地位。虽然从产品制造上看不到多少高科技，从人们的认知里也感受不到多大的影响力，但是这家企业引起了历届领导人的高度关注，邓小平、江泽民、朱镕基等亲自过问了这家企业的项目，习近平总书记也视察过这家企业。

几十年来，虽然它的身份归属几经变化，但是它的重要性无法撼动，至今仍在业界占据头部地位。

这家企业就是天津钢管集团股份有限公司，俗称"天津大无缝"。天津市的钢管与麻花、相声一样，被人熟知。

它的诞生，就是为了攻关石油套管这类无缝钢管，也因此被亲切地称为"天津大无缝"，老一辈天津人都把能够进入这家企业工作看作一件无比骄傲和自豪的事情。

"天津大无缝"一诞生，就担负着中国改变石油套管长期依赖进口的局面的重任。

1989年，"天津大无缝"破土动工；1993年成立，是我国"八五"计划重点工程[1]。

---

1 中国从1953年开始制定第一个"五年计划"。从"十一五"起，"五年计划"改为"五年规划"。

1994年1月，我国自主制造的第一根石油套管，在中原油田下井。

1996年，"天津大无缝"正式投产，掀开了我国无缝钢管行业发展的新篇章。

今天，石油套管仍然是它的拳头产品，天津市也成为国内规模最大的石油套管生产基地，这家企业跻身世界大型无缝钢管企业前列，改写了我国石油套管长期依赖进口的历史。

那么，石油套管的存在为何如"神"一般？这里面又有怎样的玄妙？

石油套管是由整支圆钢穿孔制成的一种中空管，所谓无缝，就是横截面周边没有接缝，或者说管身表面没有接缝。

在加工时，先选取合适的圆管坯料，在加热到一定温度后，在穿孔机上穿孔，同时不断旋转、前进，在轧辊和顶头的作用下，管坯内部逐渐形成空腔，称为"毛管"。再进行轧制，最后确定管径。

随着油气开采深度的不断增大，对石油套管的要求越来越多，也越来越高，石

石油套管丝扣加工现场

油套管必须经得住高温、高压、强腐蚀性的考验。

例如，打一口8000米深的油井，需要800根石油套管、1600多个石油套管丝扣，涉及10个品种。

石油套管之难，不仅难在管身的加工，更难在连接两根石油套管的丝扣。每种、每个丝扣都是量身定制的，都必须将油、气牢牢密封，因为只要出现一点瑕疵，就有可能让整口油井报废，造成的损失不可估量。

丝扣精度这项指标，就曾绊住了石油套管国产化的脚步。

丝扣螺纹的一般误差必须控制在2.5微米内，螺距则为3.8微米，而1微米相当于一根头发直径的1/60。由此可见，丝扣对机床的加工精度要求非常高。

除了对加工精度的要求高，丝扣的分类也非常复杂。针对不同深度、不同用途，丝扣的扣型千变万化。其中，丝扣弧度的变化非常小，肉眼根本看不出来。

特别链接

12、石油套管，在中国为什么稀罕

石油套管，是用于支撑油、气井井壁的钢管，可以保证钻井过程中和完井后油、气井的正常运行。每口井根据不同的钻井深度和地质情况，要使用几层套管。由于地质条件不同，井下受力状态复杂，拉、压、弯、扭应力综合作用于管体，对质量要求极高，一旦损坏，可能导致整口井减产，甚至报废。因此，石油套管被称为维持油井运行的生命线。

这种石油套管的使用量极大，消耗量占全部油井管的70%以上。属于一次性消耗材料，不可以重复使用。

正是这样一种管道，制约着中国石油产业的早期发展。1954年，鞍钢生产出第一根无缝油管，到1991年，我国的油井管生产量仅为13.67万吨，国产化率仅为13.54%，对外国的依赖性极强。

1949—1993年，我国进口石油管材累计花费外汇75亿美元。直到改革开放前，中国年均外汇储备还不足5亿美元。

经济发展对石油的需求量增大，同时中国为了开采更多的石油，又必须把本就不多的宝贵的石油卖出去，换取外汇，再购买回来石油套管，这就像老百姓说的"越渴越吃盐"的窘迫境地。

正因如此，就能理解"天津大无缝"投产所带来的热切期盼，投产后，中国逐渐打破西方垄断的局面，当前的中国石油管材国产化率提升到95%以上。

如今，中国的油井管无论从产量、质量还是品种上，都已基本满足国内需求。

第二节
管道的锋线竞逐

01 石油套管丝扣的精巧

为了尽快实现石油套管国产化,"天津大无缝"当时引进的都是世界上最先进的技术。制造丝扣最关键的两台精密机床来自美国。

技术人员通过自学,硬生生"啃"会了从来没有接触过的编程等技术,掌握了进口"洋设备"的使用方法。

终于,1994年,"天津大无缝"生产的第一批直径为244.5毫米的深井技术石油套管正式下井安装。

"天津大无缝"的突破,实现了中国石油套管的从无到有。石油套管国产化后,进口石油套管不得不降价,保障了国家石油开采的安全。

如今,"天津大无缝"已经能够针对不同用户的特殊要求,生产一系列耐腐蚀、抗挤毁、高强度的热采井、特殊扣等具有高技术含量、高附加值的高端产品,占总产量的50%以上。产品也由过去的3个钢级、几十个品种发展到26个钢级、近一万个品种,还培养了拥有持续科研突破能力的团队。

第三章　管道春秋

1994年起，中国成为世界无缝钢管第一生产大国，保持至今。

石油套管的需求，从最初的大庆油田、胜利油田等，扩展到四川省、新疆维吾尔自治区等地，也从陆地延伸到滩涂，从浅海迈向深海，钻井深度越来越深，工作状况日趋复杂，对石油套管的要求越来越高。石油套管研制、生产能力的提升，也为我国推进可燃冰等清洁能源及深海油气勘探开发、维护国家能源安全提供了保障。

02　冻土热棒的风采

你能想象吗？一条铁路的全线通车用了近50年，甚至有国外旅行家评说："有昆仑山脉在，铁路就永远到不了拉萨市"。这条铁路就是青藏铁路——从西宁市到拉萨市。

青藏铁路于1958年开工建设、1984年一期完工，西宁市至格尔木市顺利通车，之后停滞了近20年，二期工程才于2001年开工。停滞多年的原因，来自横亘其中的永久冻土层。

青藏铁路两侧热棒

从这里 爱上实业

青藏铁路两侧的一根根钢管，就是修建青藏铁路的功臣——热棒。别看它们天天风吹日晒，锈迹斑斑，却大有来头，正是它们的存在，才让青藏铁路通车成为可能。这种热棒的制造成本相当高，一根就需要20万元，相当于一辆中档家用轿车。

青藏铁路的平均海拔超过4000米，多年冻土是修建铁路时遇到的最大难题。

夏季，太阳辐射强，冻土融化速度快，容易导致路面塌缩变形；冬季，冻土冰冻膨胀，容易导致路基扭曲变形，影响铁路安全。举个通俗的例子，这就像一个装满水的碗，表面放一片树叶，夏天蒸发部分水分，树叶就会下降；冬天碗里的水冰冻膨胀，树叶就会上升。如果将这片树叶想成路面或铁轨，可想而知在这样的环境下贸然修建铁路有多么危险。

热棒冷热空气交换示意图

为什么道路两侧整齐排列的金属棒"热棒"功勋卓著呢？

这不是普通的棒材，它是一种"魔棒"，蕴藏着神奇的力量。这种热棒由"新材料之王"碳纤维和无缝钢管制成，一根热棒长7米，其中，5米插在冻土里，而在露出地面的2米长热棒上，焊接着一层层散热片，像一个单向制冷的空调，通过这些散热片带走地面的热量。

热棒的中心是空的，里面有大量的氨气。当温度降低时，氨气液化放热，热量通过散热片散发到空气中。冬天，氨气完全变成液氨，流到热棒底部存储起来。当温度升高时，储存在热棒底部的液氨会慢慢汽化，在此过程中吸收冻土层的热量，随后这些热量和汽化的液氨一起上升到热棒顶部。这样，在夏季可以源源不断地吸出冻土层里的热量，延缓它融化的速度。

这个循环不需要人工操作，也不需要额外提供能量，整个过程是全自动的，设计构思非常巧妙。

中国人用自己的冻土治理技术——热棒，成功解决了40多年来一直困扰中国科学家和青藏铁路建设者的重大技术难题——冻土层夏季融化下沉、冬季冰冻膨胀导致青藏铁路路基不稳定的问题。

这条世界上最难修的铁路顺利通车，也让国外旅行家关于铁路永远到不了拉萨市的评说化为云烟。

2002年至今，这种神奇的热棒已经在全国多个冻土地区，为约200千米铁路、100千米公路、400千米石油运输管线等不同领域的冻土工程保驾护航。

这种技术还进一步升级换代，中国制造的最新一代大型高效换热器，比日本和欧洲国家的产品的换热效率高30%，在能源、化工领域更是大有用武之地。

特别链接

13、冻土热棒的横空出世，源于一档电视节目

2002年的一个夜晚，郭宏新看到央视正在播出《对话》节目，时任铁道部副部长孙永福指出，修建青藏铁路，冻土问题最难解决，冬天水冻成冰，地面上拱，夏天冰化成水，四处流动，导致建于冻土之上的铁路路基扭曲变形，容易引发灾难，这个问题已经困扰了中国科学家和建设者40多年。

孙永福在节目中表示，准备从国外引进热棒技术，以解决青藏铁路途经地可可西里的冻土问题。

郭宏新看到这里，想到中国有能力解决冻土问题，为什么还要去购买？

他创业前在高校的热管实验室工作，而且获得过4项国家专利。于是，郭宏新马上查阅相关资料，对可行性较高的方案反复推敲、论证，形成利用热棒技术治理冻土的设想，连夜写信给时任铁道部副部长孙永福。讲述中国人有自主知识产权的热棒技术，完全可以解决冻土层问题，既可以保证铁路行车安全，又可以保护可可西里的原生态地貌。

一个星期之后，郭宏新收到了铁道部的回信。

随后，成立专门的"中国科学院南京冻土工程研究中心"，郭宏新带领科研人员开展实质性的技术攻关，经过三个寒季的研究、试制和野外现场测试，终于研制出了"带中心测温管的低温热棒"，被指定为青藏铁路冻害处理的唯一技术储备。

青藏铁路两侧竖立的热棒，正是郭宏新研发的，热棒成功解决了冻土层这一世界级工程难题，有效保护了可可西里的原生态地貌，确保了青藏铁路的顺利通车。

"坐着火车去拉萨"，在今天才可以如此容易。

03　陶瓷膜的神奇

随着工业化、城镇化的进行，人类对能源、资源、环境等重大问题愈加重视，一种名为"陶瓷膜"的新技术开始被广泛应用。

陶瓷膜的优点数不胜数：分离效率高、效果稳定、化学稳定性好、耐酸碱、耐有机溶剂、耐菌、耐高温、抗污染、机械强度高、再生性能好、分离过程简单、能耗低、操作维护简便、使用寿命长等。

正是因为有如此多的优点，陶瓷膜被广泛应用于食品、生物、环境、化学、石化、

管式陶瓷膜

冶金等众多领域。

陶瓷膜有平板、管式两种。其中,管式陶瓷膜的管壁密布微孔,在压力的作用下,原料液在膜管内或膜外侧流动,小分子物质(或液体)透过膜,大分子物质(或固体)被膜截留,从而达到分离、浓缩、纯化和环保等目的。

陶瓷膜技术是膜技术中的翘楚,早在20世纪40年代,美国科学家就掌握了陶瓷膜技术,但当时的陶瓷膜技术只用于高端领域,属于国家机密。

20世纪80年代,陶瓷膜技术开始成功应用于法国奶业和饮料业,得以推广。不过,当时我国在这一领域还是空白。

直到1989年年底,中国才开始了在陶瓷膜领域的艰难探索。经过20多年的努力,中国陶瓷膜技术从无到有,不仅打破了国外的封锁与垄断,还达到了国际领先水平。

21世纪初期,全球膜及其装备的年销售额超过100亿美元,增长率在30%左右。甚至有专家预言,21世纪,膜技术及膜技术与其他技术的集成技术,会在很大程度上取代传统分离技术,达到节能降耗、提高产品质量的目的,极大地推动人类科学技术的进步,促进社会可持续发展。

04　人造血管的精巧

血管,密布人体,就像人体内的一张四通八达的网,有高速公路(主动脉)、有国道和省道（静脉）、有乡道（毛细血管）等，总长约96000千米，保障着人体血液的正常流通。

随着老年人口的增加和心脑血管患者的增多，人造血管成了必不可少的医疗物资。

人造血管

对人造血管的主要要求为：第一，必须能够"以假乱真"，与真的人体血管具有同样的功能；第二，必须具有一定的透气性、生物相容性、柔韧性和可缝合性；第三，应能针对不同的血管类型和尺寸，提供不同的人造血管型号。

人造血管由两层膜组成，内膜是编织物，外膜是动物胶原涂层。卡住人造血管制造水平的正是这两层膜结构。

人造血管的材料一直在迭代更新，从最初的化学纤维新材料维尼纶，逐步发展到后来的丝绸、尼龙，并涌现出一些新材料。目前，人造血管的主要材料有涤纶、聚四氟乙烯、聚氨酯和天然桑蚕丝。

应为不同材料配备不同的织造方法，如针织、编织和机织。选择合适的织造方法，把相应的材料织成管状，加工成螺旋状人造血管，可以使其随意弯曲而不致吸瘪变形。

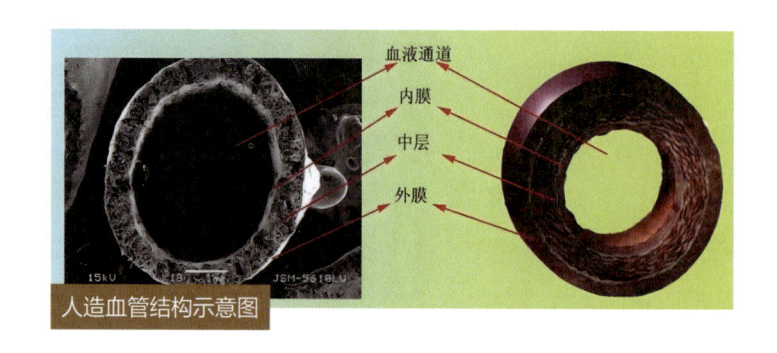

人造血管结构示意图

早在 20 世纪 20 年代，医学界就开始研制人造血管，但 20 世纪 50 年代才取得重要突破。

那个时候，中国也着手研究将真丝和其他材料用于制造人造血管，但是不稳定等因素限制了临床应用。

直到有一天，一位中国传统手工艺非物质文化遗产项目——中国四大名锦之一宋锦的传承人钱小萍，想到了一个办法。她使用宋锦织造技艺，制造出一种内壁有卷曲绒毛的机织涤纶毛绒型人造血管。这位非遗传承人成功跨界，成为中国第二代人造血管的发明者。这一技术经过临床试验，得到了推广应用。

虽然我们在制造人造血管上取得了突破，但是与国外仍然有不小的差距。

我们不无遗憾地看到，目前中国的人造血管市场几乎被日本、德国等国家的公司垄断。

统计数据显示，中国人造血管的年需求量约为 283 万根，占全球市场的 20% 以上，按每根 2 万元计算，可产生 566 亿元的经济效益。

人造血管这根连接生与死的"生命通道"，其攻关之路任重道远。

第三节
管道也威武

01 枪管炮管

155毫米口径火炮炮管

　　1961年上映的电影《51号兵站》，讲述的是1943年抗日战争期间，活动在苏中抗日根据地的新四军在上海市设立了一个地下兵站，在敌人眼皮子底下运送军用物资，支援根据地斗争的故事。新四军运送的物资就是无缝钢管，在根据地被用来制造炮管。

火炮起源于中国，扬名于两次世界大战，被封为"战争之神"，"封神"源于它巨大的威力，威力的关键在于炮管。

炮管决定着弹丸初速度、飞行方向及稳定性等，但是炮管制造起来却极其困难。以至于有专家称，宁愿造原子弹也不愿意造火炮。

炮管，是锻造的无缝钢管；锻造无缝钢管的工艺，是相关工业制造领域的"天花板"。

材料，一马当先。炮管要经得起 3000 摄氏度以上的高温烧蚀和 500～700 兆帕的高压冲击，还要满足战场上连续快速发射的需要，这就要求炮管材料必须耐高温、韧性好、强度高，一般采用特殊的合金钢，以碳镍铬铂系合金钢为主。

锻造，紧随其后。一根炮管重几百千克，而冶炼的材料却需要几十吨。这些材料经过十多道工序、上万次"捶打"，才能锻造出一根炮管粗坯。

打孔，难度极高。在粗坯上打孔，如果打不正，就会影响火炮的射击精度，即

炮管膛线

使只偏离几毫米,反映在射击目标位置上,也可能偏离几百米,是名副其实的"差之毫厘,谬以千里"。

拉膛线就像绣花。这是让"子弹与炮弹"飞得更快、更远、更稳的关键一步。拉膛线难就难在内膛加工纯粹是"盲打",无法看到内部加工状态,只能"跟着感觉走",完全凭经验,一般没有三五年的历练,都不能轻易上手。

特制的刀具沿着炮管内壁向前,炮管则绕着轴线旋转,拉出膛线,而且膛线不是一根,而是数十根,一旦膛线有几微米偏差,整根炮管就得报废,数千万元的制造成本就会打了水漂儿。

目前,全球也只有约 10 个国家掌握了炮管制造技术。

别看炮管制造如此高端,它的使用寿命却很短,只有数秒。当然,它的"使用寿命"是指炮弹从发射到出膛在炮管里停留的总时间。例如,一发射速为 1500 米 / 秒的炮弹,从 5 米长的炮管中"飞"出去只需要 0.003 秒,如果一根炮管的寿命仅有 3 秒,在它"有生之年"至少可以发射 1000 发炮弹。

坦克滑膛炮

"陆战之王"坦克的主炮,无论是过去还是现在,都是不可撼动的王者。它的炮管制造一样极具难度,不过,与火炮的线膛炮不同,大部分国家的主战坦克采用了滑膛炮。滑膛炮威力大、精度高、射速快,能够对距离较远的目标进行精确打击。制造滑膛炮对一个国家的科技水平和工业水平都是巨大的考验。

20 世纪 50 年代,中国开始研发坦克炮,如今,已经能够生产世界上最先进的坦克,主要采用的就是滑膛炮。

轻型装备手枪、步枪的枪管也是很难制造的。它是整枪工作环境最恶劣、对机械性能要求最高的部件,通常由耐热且不易变形的金属管打造而成。

最难、最关键的核心环节也是拉膛线,膛线是一种锻刻而成的螺旋状凹凸槽,可以确保子弹发射时沿膛线作纵轴旋转,产生陀螺效应,稳定弹道,控制子弹的旋转和发射方向,提高射击精度,精准打击目标。

膛线,可以说是枪管的灵魂,也相当于枪的指纹!

现代枪械制造听起来简单,实际上全球能够制造枪械的国家仍然是少数。

枪管膛线

特别链接

14、炮管生命的精彩只有几秒

炮管的使用寿命,通常用多少发来表示,如可以发射500发炮弹、1000发炮弹等,可以从中直观地看出火炮的性能差异。

对炮管使用寿命的衡量,不像衡量其他制成品一样,指从生产到报废的时间,而是指它在发射炮弹过程中所能承受的总累积时间。也就是说,每发炮弹从点火到飞出炮口所耗费的时间,加在一起,就是炮管的使用寿命。

按照一发炮弹的初速度为500米/秒,炮管长度为5米来计算,可以推算出炮弹在炮管中花费的时间约为0.01秒。如果按照世界平均水平——一根炮管发射500发炮弹来计算,这根炮管生命的精彩只有5秒。

这是因为炮弹发射对于炮管来说是个极其剧烈和复杂的过程。推动炮弹前进的火药,在燃烧时产生的高温可以瞬间达到3000摄氏度以上、压力达到数百兆帕,会导致炮管发生磨损、变形、产生热应力和热疲劳等,进一步降低炮管的强度和稳定性。

每发炮弹发出去,炮管就被消耗一次,距离生命的终点更近一点……

难怪在电视剧《亮剑》中,李云龙抱怨,刚到新一团时,用的还都是老套筒、汉阳造,膛线都快磨平了……

02　冷拔管

冷拔是无缝钢管的一种生产工艺，也就是把初步成形的钢管再"拔"出来一截，让钢管更长、管壁更薄。

可是为什么要用冷拔呢？

冷拔，顾名思义，就是在室温下拉拽钢管的加工方式，多用于制造高精度的钢丝、钢管、冷拔钢材等，这些常见于汽车零部件、航空航天、机械制造等领域。

冷拔的好处是可以减小钢管壁厚，还可以提高钢管表面光滑度，就像拉空心面条，越拉越细、越拉越长，面条壁变得越来越薄，面条越来越筋道。

冷拔时，钢材被模具拉抻，截面积减小，长度变长。拉拔必须一次完成，中间不能停顿，不能断掉，否则钢管粗细会前后不一，整根钢管就得报废。

冷拔时，在内外模具的挤压和巨大的拉拔力下，钢材晶粒得以细化，内部缺陷得以消除，钢材的强度、硬度和韧性都得到提高，表面更加光滑、均匀，最后这些钢材被加工成一支强度高、耐腐蚀、表面光滑的精加工管道。与焊接钢管相比，冷拔加工的钢管强度更高，更能耐受压力和拉力。

在石油工业中，无缝钢管作为石油套管，可以承受高温、高压，保证油气安全运输。

在化工行业中，无缝钢管作为输送管道，能够耐腐蚀、耐高温，具有良好的密封性。

在电力行业中，无缝钢管可作为输煤管道、锅炉管道。

在机械行业中，无缝钢管作为液压元件，具有较高的强度、韧性和超强的密封性，可以保证机械运转的自由流畅和高可控性。

"得液压者得天下"是液压行业的共识。诞生于 200 多年前的液压技术，具有力矩大、可靠性高、造价低、易部署等优点，应用广泛，未来仍将延续传奇。

液压油缸的制造能力是衡量液压水平的关键，决定着机械的效率和能力。

下图所示是一根正在加工的长 12 米、壁厚 27 毫米的钢管。这根钢管在拉力

400吨、速度每分钟2米的参数下,被冷拔加工。

冷拔机工作场面

冷拔完成后,钢管壁厚从27毫米均匀"瘦身"到24毫米,长度从12米拉拔到13.39米,强度提升了50%。

为了制造这种冷拔无缝钢管,中国专门研制了亚洲最大的6000千牛全液压予应力冷拔机,拉拔钢管的长度可以达到18米,突破了过去镗孔加工方式只能加工10米长钢管的极限,还可以节约30%的材料。

冷拔完成后的钢管

特别链接

15、冷拔管的热应用

冷拔管运用冷拔工艺制造而成,具有高强度、高精度、良好的表面光洁度,能够承受较大的压力和负荷。相较于"冷"的制造工艺,它的应用场景却很热门,一般用它来解决"无人企及"的大场面。

冷拔油缸管是工业自动化中非常重要的液压系统的核心部件,用于液压机床、冲床等,实现工件的推拉、举升、转动等。

冷拔油缸管在机械制造领域同样有重要应用,常用于起重机、挖掘机、压力机等设备中,实现对物体的推拉、举升、转动等。虽然冷拔工艺相当于"拉面",把钢管拉长,但它比热轧成型焊接制成的钢管"坚强",起重设备传动系统的核心部件液压油缸管就是关键中的关键。小的如油压千斤顶,一旦破裂,后果不堪设想;大的如质量超过100吨的大风机叶片的安装、重达三四百吨的核电装置穹顶的吊装,都需要用到平稳顺滑又具有举升力的起重机。

冷拔油缸管在航空航天领域也有应用,如用于飞机起落架、液压舵面等,实现对飞机姿态、飞行速度等参数的控制,确保飞机的安全和可靠运行。

冷拔油缸管还是汽车制动系统、悬挂系统、转向系统等的关键部件,确保汽车减速、行驶和操控的平稳。

冷拔管作为一种高度精密的金属制品,在多个热门领域有着独特的使用价值。

03　690U 形管

690U 形管也是无缝钢管的一种，被称为不锈钢领域的皇冠产品。690U 形管很难生产，2007 年之前，世界上只有 3 个国家可以生产。

我国使用的 690U 形管以前主要靠进口，市场单价高达 100 万元 / 吨。在我国具备自主制造能力之前，690U 形管的国际价格甚至达到过 200 万元 / 吨。

690U 形管因其外形像英文字母 U 而得名，它采用高铬镍基合金材料制成。高铬镍基合金是一种特殊的高品质钢，特殊高品质钢反映着一个国家钢铁工业的发展水平。

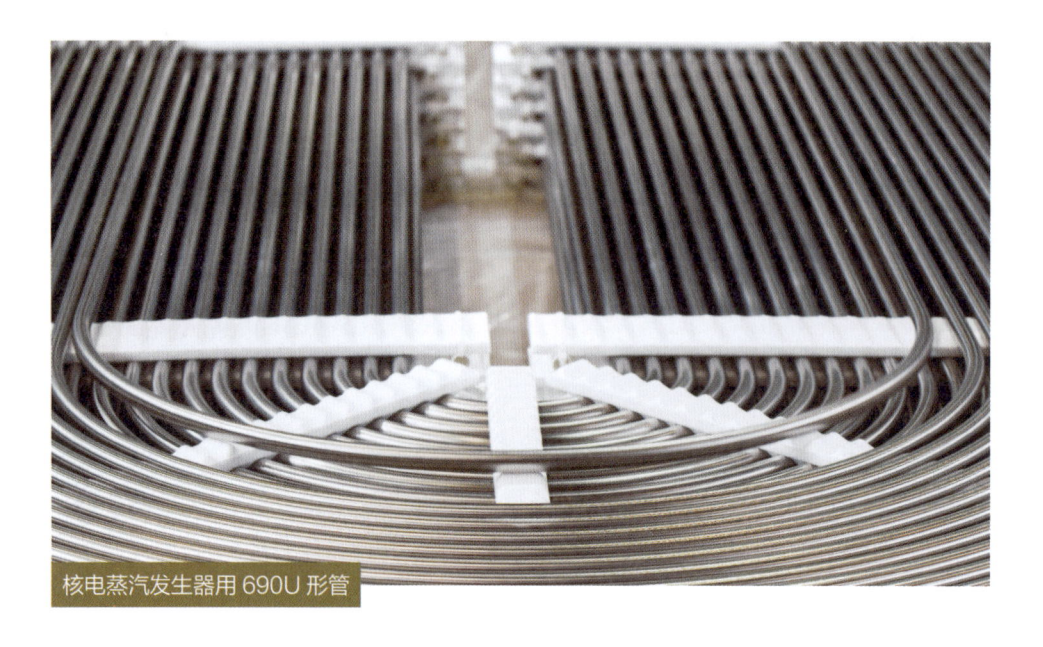

核电蒸汽发生器用 690U 形管

690U 形管是中国第三代核电装备中蒸汽发生器的关键部件，它就像心脏里的一根根血管，担负着核电机组的传热任务。

它不仅是核电站核岛中的关键材料，还是其中最薄弱、最重要的部件，它要在高温、高压、特殊腐蚀环境中长期服役 60 年。

690U 形管壁厚只有一枚一元硬币厚度的一半

正在加工的 690U 形管

制造 690U 形管的难度之大、成本之高，无法想象。要随时对制造它的模具进行检测，一旦出现磨损就得更换。此外，每挤压 10 根 690U 形管后，模具也得更换。一组蒸汽发生器需要的 690U 形管有五千到数万根，仅更换模具的费用就高达 100 万元。

为了高效传热，690U 形管的管壁只有 1.01 毫米厚，约为一枚一元硬币厚度的一半。只要损伤一点，管壁就可能破裂，造成核泄漏，因此要求管壁近零划伤。

中国企业用热挤压技术代替了普通的热穿孔技术。预先在原材料上打一个小孔，通过一个芯棒使原材料挤压变形，最终成为一个空心管。这样加工出来的 690U 形管内壁的表面质量较好。

生产完成的 690U 形管还需要经过极其严格的检测。每根 30 米长的 690U 形管都要经过超净脱脂检测，白色羊毛毡在压缩空气的吹动下通过 30 米长的管道后，要保持洁白如新，再经过内窥镜抽检，合格后才能进入下一步，即生产 690U 形管最难的环节——弯管环节。

在 100 多道生产工序里，弯管环节的加工难度最大也最关键。要把 30 米长的直管弯成 U 形，要求每处弯管的截面都是标准的圆形才算合格。也就是说，弯管内部不能出现变形。如果变形大，也会给核电站带来隐患。

一旦弯管环节出现问题，690U 形管只能报废。

此前外国专家关于"中国在十年之内不可能生产出 690U 形管"的断言破灭了。中国工程师历经无数次失败，顶着困难与压力，终于突破瓶颈，解决了"卡脖子"的难题。

如今，数万根 690U 形管的技术指标几乎可以做到完全一致，用在了中国的第三代核电装备中。

CAP1400"国和一号"，就要用到 12606 根 690U 形管，一个蒸汽发生器需要 125 吨 690U 形管，两个蒸汽发生器就需要 250 吨。中国完成自主研制后，国际市场价格也从之前的每吨 200 万元下降到每吨 60 万～70 万元，仅一个蒸汽发生器所用的 690U 形管，就可以节省 4000 万元。

特别链接

16、核电站U形管，包住才可靠又安全的"安全套管"

核电站的设计使用寿命一般为40年到60年。

核电站蒸汽发生器使用的690U形管，是百万千瓦级核电机组蒸汽发生器需要使用的核一级关键部件，是核电站核岛中的关键核心材料，也是最薄弱、最重要的部件，是防止放射性裂变产物外泄的主要屏障，必须在高温高压特殊腐蚀环境中，确保安全服役长达60年。

690U形管的技术要求高、工艺流程长、制造难度大，代表了国际核电用管制造的顶尖水平，此前，只有法国、日本、瑞典3个国家的企业能够生产。中国要想使用，就必须依赖进口，国家能源安全得不到有效保障。

直到2007年，国家建起第一条核电蒸汽发生器用690U形管专业生产线，攻克真空冶炼、电渣重熔、锻造、热挤压和弯管成型等一系列工艺技术难题，并相继取得了国家核安全局颁发的核一级热挤压管制造许可证和核一级成品U形传热管制造许可证，中国成为第4个能够生产这种U形管的国家。

如今，我国自主第三代核电技术"华龙一号"在建在运机组数量位居全球第一，中国核电技术已跻身世界第一梯队。

04　N36 锆合金包壳管

N36 锆合金包壳管的直径只有 9.5 毫米，却是"华龙一号"CF3 燃料组件的关键部件，用来直接装载核燃料。

它的性能直接关系着核反应堆堆芯的安全和稳定运行。

制作这种包壳管的材料是金属锆。这种材料在高温、高压的水中，具有良好的耐腐蚀性和优异的力学性能，可以有效阻止核裂变产物逸出，阻断核污染。面对"谈核色变"的担忧，核材料的安全性是重中之重。

在全球正在运行的 400 多座核电站中，超过 90% 使用锆合金作为核燃料的包壳材料。此前，只有美国、法国、俄罗斯等少数国家掌握了锆合金包壳管全流程的制造工艺。

如今，中国也能研发、制造最高端的锆合金包壳管了。

这种锆合金包壳管对材料的要求极为严格，就连对实验室洁净度的要求都远高于医院病房，即每立方米直径大于或等于 0.1 微米的尘粒不超过 1 万颗。

N36 锆合金包壳管通过一种两辊的环孔型轧制模式进行加工，每转动一次，内部的芯棒就往前送一点，通过这样的往复运动，经过 4 个道次的轧制、退火、加工，最终能把直径为 75 毫米的管坯加工成 9.5 毫米。

5 万根这样的包壳管才能组成一个百万千瓦级核反应堆堆芯，一般来说，普通包壳管的使用寿命为 12 个月左右，中国新研制的 N36 锆合金包壳管的使用寿命可以达到 18 个月。

第三章　管道春秋

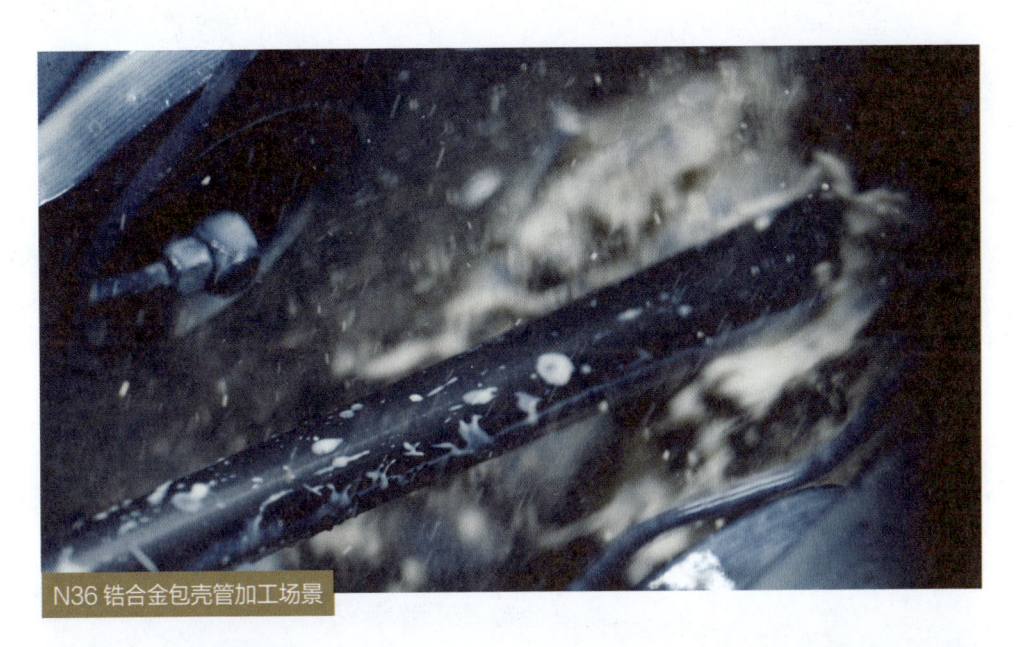

N36 锆合金包壳管加工场景

N36 锆合金包壳管

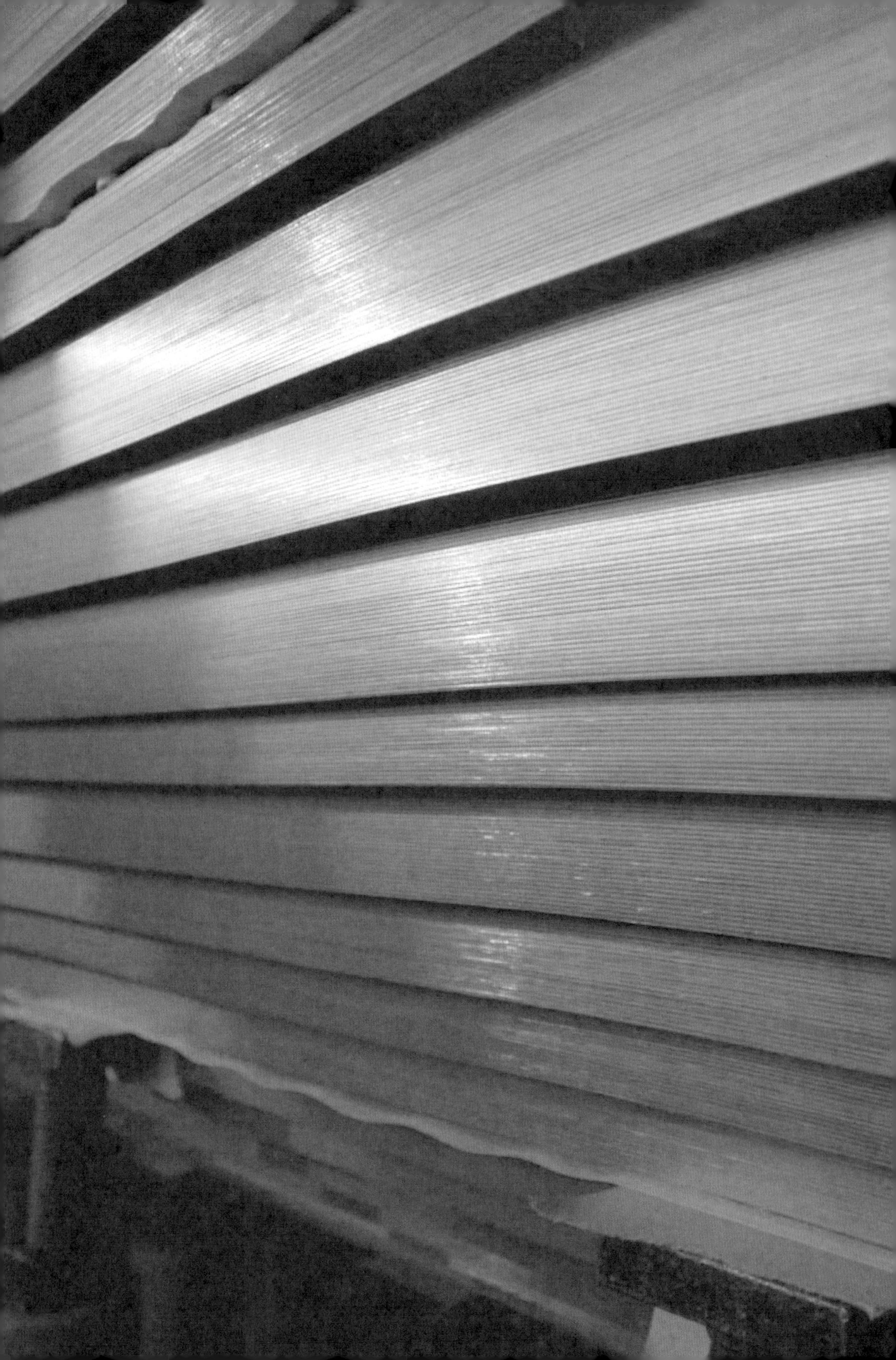

从这里 爱上实业

Chapter Four
第四章

钢铁新家族

大象也能跳街舞，钢铁炼出新势力

▽

印象中的钢铁是"傻大黑粗"的存在，但如今已经有0.015毫米厚的手撕钢，它寓精巧与高贵于一体。

印象中的钢铁粗犷、质朴、宁折不弯，但取向硅钢完全打破常规，它内部的所有晶粒都能被设计为整体朝一个方向，让人不得不惊叹它的柔顺美丽。用起来更是性能卓越，在电力传输行业，与其他材料相比，取向硅钢有压倒性优势。如果全国的变压器都用上这样的取向硅钢，仅输电环节每年就可以节省约900亿度电，相当于三峡电站的年发电量。

印象中的炼钢是轰轰烈烈、炉火熊熊、大开大合的。但在宝钢湛江钢铁有限公司的现代化轧机生产线上，已经可以按秒来控制每块钢板进出轧机的时间。按照设计，在轧钢线上，钢板和钢板间隔30秒依次通过，就像跑道上的飞机一样，一架起飞一架降落。这里，安全是第一要义，如果"追尾碰撞"，可不是损失一两块钢板，而是整个产线的折损！但就在这样的环境下，"艺高人胆大"的工程师"火中取栗"般将轧钢间隙缩短到六秒，且依然能保障安全，他们在700米长的轧钢线上增加了数千个传感器，在控制系统中改进了2600道工序，红彤彤的轧钢板繁忙紧凑、秩序井然，不但成为轧钢界的一道高科技风景，而且一年可以多轧出120万到150万吨钢，相当于新建了一个百万吨级钢厂，这是大约10亿美元的投资额。

第四章　钢铁新家族

第一节
没有它，有些产业就得停摆

取向硅钢柔软如纸

取向硅钢看似锈迹斑斑

一卷卷的取向硅钢

　　它至柔至刚，千姿百态，这就是取向硅钢的"变形术"。更牛的还在于它工作地的"高大上"。

白鹤滩水电站建设时的场景

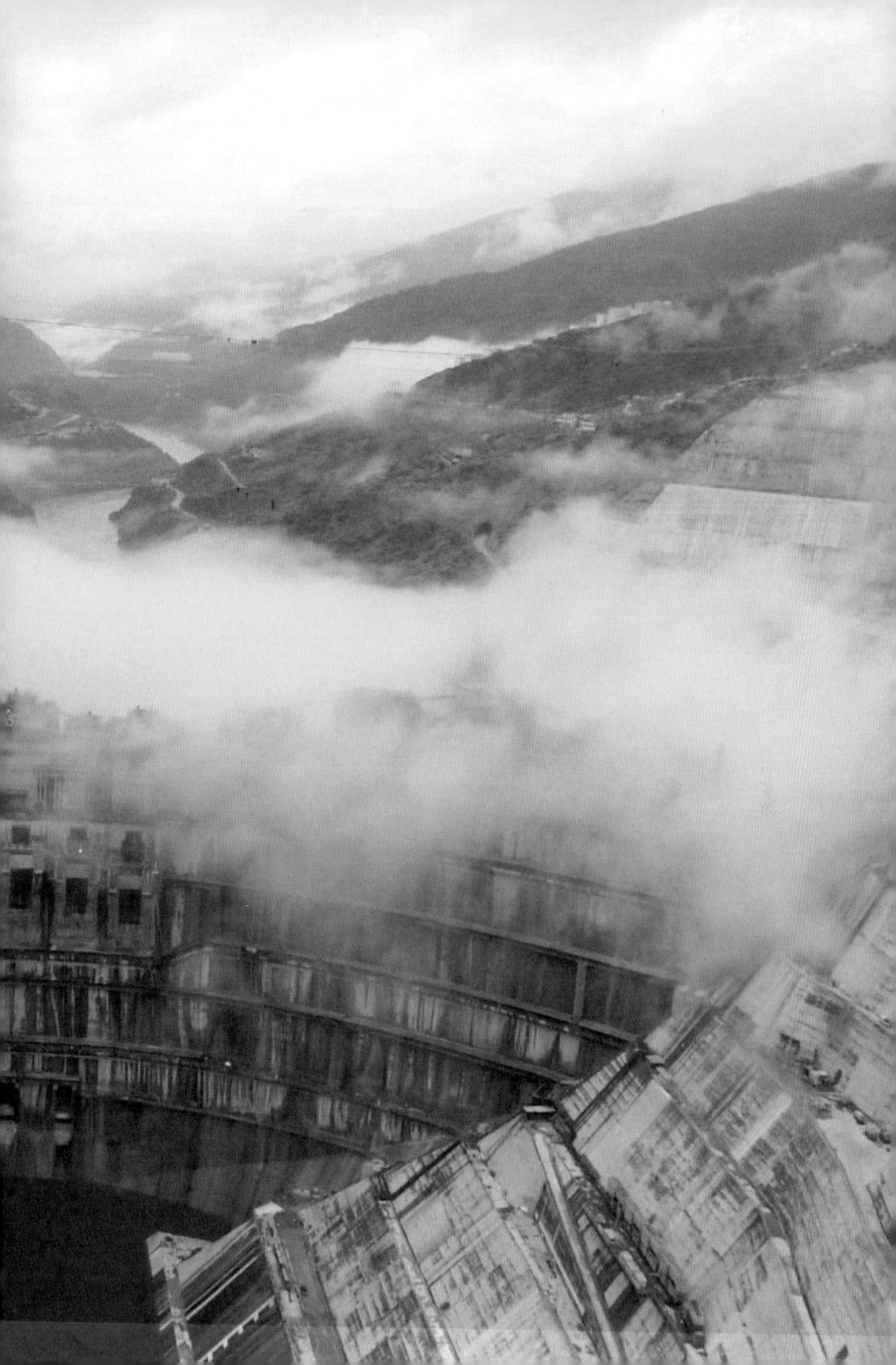

全球首个使用百万千瓦水轮发电机组的白鹤滩水电站,是仅次于三峡电站的世界第二大水电站,年均发电量达到624.43亿千瓦时,能满足约7500万人一年的生活用电需求。这里,发电机转子用到的核心材料就是取向硅钢,还有它的"亲兄弟",另一种关键钢材——磁轭钢。

准东—华东(皖南)±1100千伏特高压直流输电工程是目前世界上电压等级最高、输送容量最大、输送距离最远、技术水平最先进的特高压输电工程,全长3324千米。这里用到的变压器核心材料也是取向硅钢。

巴西第二大水电站——美丽山水电站,用的也是中国制造的取向硅钢。

取向硅钢解决的是风电、水电中的发电及电力长距离输送等实际问题,一般应用于各种电机、变压器的铁心中,是电力、电子和军事工业中不可或缺的软磁合金。

如今,中国已经能够生产全球最薄的、厚度仅为0.18毫米的高磁感取向硅钢。要知道,在20年前,这还是被国外少数企业掌握并垄断的技术,也是中国被"卡脖子"的技术。

准东—华东(皖南)±1100千伏特高压直流输电工程

第二节
偏向虎山行的起步

时光回到 20 年前，中国建设三峡电站到了最后的关键节点，进口取向硅钢厂商突然提价，单次提价就高达 1000 美元 / 吨。当时，世界上只有少数国家的钢铁企业有能力制造取向硅钢，中国当时是世界上最大的取向硅钢进口国，每年进口量占全球的 10% 以上，尤其是用于高性能变压器的高磁感取向硅钢，几乎全部依赖进口。

这是因为高磁感取向硅钢是制造高性能变压器铁心的关键材料，也是必需的尖端功能材料，能够有效降低电力输配过程中的电能损耗。

这种"坐地起价"和"限量供应"的行为，让中国的电力发展陷入受制于人的危险境地。

如果没有取向硅钢，电力行业就没法发展；如果没有好的取向硅钢，电力行业就没法实现高质量发展、大规模发展。

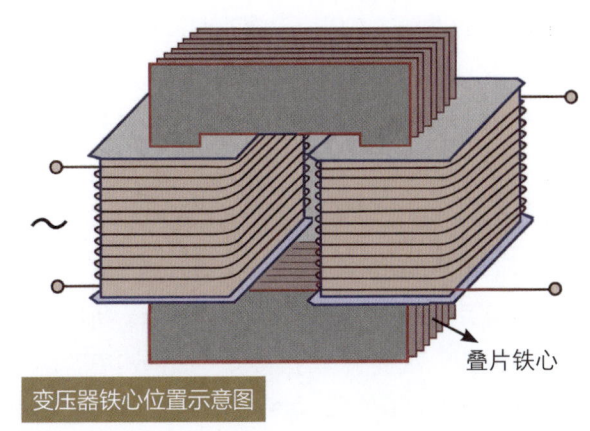

变压器铁心位置示意图

被"卡脖子"的制造技术，花大价钱也买不来。面对这样的技术封锁，只有一条路，就是中国人自己研发、制造取向硅钢。

研制取向硅钢难在哪里？

硅钢，因其含硅元素而得名，它的含硅量为 0.5%～4.5%。硅的加入，不仅能提高材料的电阻率与最大磁导率，还能减小铁心总能量损耗（铁损）、矫顽力、磁时效等，因为它被应用于电力行业，所以也被称为"电工钢"。

硅钢分为无取向硅钢和取向硅钢。业内常用这样一个形象的比喻来区分：生产硅钢就像做芝麻大饼，一把芝麻撒下去，如果芝麻随意分布，那就是无取向硅钢；如果撒到饼面上，每粒芝麻的头尾都朝着同一个方向规律分布，那就是取向硅钢。想一想，撒一把芝麻，让它们朝同一个方向规律排列，就像阅兵时的仪仗方阵一样整齐划一，丝毫不能有差错，难度何其大！

通俗来说，无取向硅钢中的晶粒可以杂乱无章、任意生长，而取向硅钢中的晶粒必须朝着一个方向。

从原理可以看出，取向硅钢的制造非常难，中国从零开始攻克生产环节极其复杂的取向硅钢，走了很长的路。

1954 年，中国开始生产热轧硅钢，1959 年生产冷轧取向硅钢薄带，1979 年才开始生产冷轧取向硅钢和无取向硅钢。

诞生于 20 世纪初期的硅钢，已经于 1949 年被美国应用于军事工业，1968 年，日本率先研发出了高磁感取向硅钢，名为 Hi-B 钢。

起步晚的中国，只能从国外购入设备和技术。

1979 年，当时的武钢集团（2016 年与宝钢集团合并为中国宝武钢铁集团）从日本进口了新日铁的成套生产技术和生产设备，开始生产冷轧无取向硅钢，由此开始中国冷轧硅钢生产历程。

由于引进的轧机辊身长度为 1.7 米，所以大家把这个项目亲切地称为"一米七轧机工程"。而拥有 12 层楼的"武钢四招"是当时还算少见的大规模招待所，它就是专门为接待前来指导硅钢生产的 200 多位国外专家而建的。此外，为了让中国的技术人员与国外专家沟通得更顺畅，武钢集团还特地与武汉大学共同举办了日语学习班，可见当时中国对新技术的渴望与重视。后来，武钢集团研究院成立了"硅钢研究所"，研发了不少新产品。

2000 年，宝钢集团利用日本川崎制铁（现 JFE 公司）的技术，开始生产中低牌号冷轧硅钢。

但是，高等级取向硅钢制造技术仍然掌握在国外少数企业手中，被视作严格保密的技术，不肯转让。

而这时，我国变压器行业对高等级取向硅钢的需求日益迫切。

三峡电站还在如火如荼地建设，却遭遇了取向硅钢提价的困境。

中国人必须进行自主研发，突破技术封锁。

为什么一定要研发高等级取向硅钢？

硅钢以铁损和磁感应强度为产品磁性保证值。硅钢铁损小，可节省大量电能，延长电机和变压器的运转时间，简化冷却系统。由于硅钢铁损造成的电量损失占全年发电量的 2.5%～4.5%，其中变压器铁损约占 50%，1～100 千瓦小型电机约占 30%，日光灯镇流器约占 15%。可以说，想要投入最少、见效最快地节电，就必须减小硅钢铁损，必须攻关高等级取向硅钢。

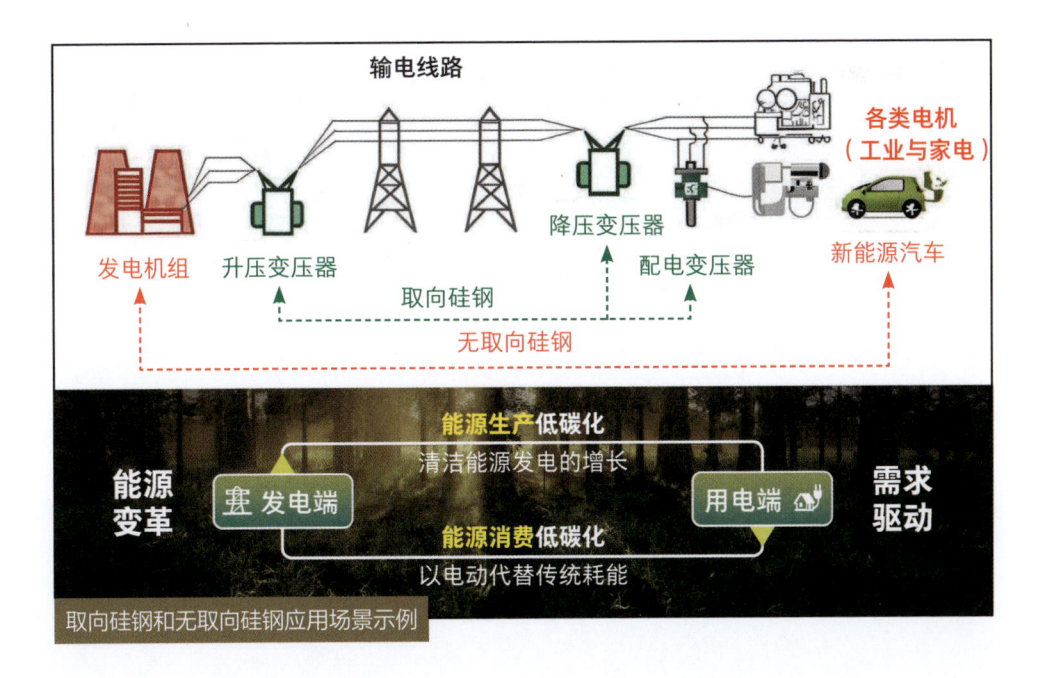

取向硅钢和无取向硅钢应用场景示例

选择一条什么样的突破路径？

早在1997年，宝钢集团就在实验室开展制造取向硅钢技术预研工作，初步摸清了三大门类取向硅钢（高温、中温、低温）制造技术的特点，探索了技术路线的可行性，试制了合格的实验室样品。

是采用风险最低但发展潜力小的高温CGO（一般取向硅钢）技术；或是风险略高，但制造难度极大的高温Hi-B（高磁感取向硅钢）技术；还是研发难度和风险并存，但如果能突破，将彻底改变我国取向硅钢技术长期落后局面的低温Hi-B技术？3条路摆在了中国的硅钢团队面前。

明知山有虎，偏向虎山行。

最终宝钢集团把路径锁定在我国处于劣势局面的、制造难度极大的低温Hi-B技术上。

即使确定了方向，取向硅钢的研发难度也是无法想象的。

当时，虽然从产量上看，中国已经是世界钢铁生产第一大国，但还不是钢铁强国。

国内只有武钢集团具备批量生产冷轧取向硅钢的能力，但生产的冷轧取向硅钢也只能满足国内市场30%左右的需求，缺口主要依赖进口，而高等级取向硅钢更是完全依赖进口。

特别链接

17、中国宝武钢铁集团董事长为什么泪洒亿吨产能现场

2020年12月23日，中国宝武钢铁集团举办亿吨产能达产仪式，董事长陈德荣泪洒现场。

这家公司拥有1亿吨产能，位居全球第一。1亿吨，这个数字，对于普通人来说，似乎感受不到特别的含义，但对于老一代钢铁人来说，这是几代人"赶英超美"的梦想，这个梦想在这一刻实现了。2020年，英国和美国加起来的钢铁产量还不到1亿吨，只有约8000万吨。

第四章　钢铁新家族

一家企业的钢铁产能达到 1 亿吨,是中国钢铁行业集中度提升的显著标志。早年,与日本、韩国相比,中国在钢铁市场上缺乏竞争力和话语权;无论是在消费上还是在资源市场上,都没有定价权,虽然我国是世界上最大的铁矿石买家,但在价格方面我们说了不算,每年不得不多拿出数千亿元的"冤枉钱"来购买铁矿石。

如今,拥有亿吨产能的中国宝武钢铁集团,不仅在产量上实现了标志性突破,还在取向硅钢、高强钢、手撕钢,以及特种钢、飞机起落架用钢等各种钢材上,实现了遥遥领先,代表着未来的中国钢铁会更有实力。

对于当年踏着《金色的炉台》的旋律走进北京钢铁学院,后来热诚投入中国钢铁事业的陈德荣来说,在亿吨产能宣布之时,个人情感与国家梦想交融在一起,那一刻,泪洒炉台……

值得一提的是,歌曲《金色的炉台》的发生地,就是现在中国宝武钢铁集团旗下的钢铁生产线所在地。在毛主席视察金色炉台后,工人们用汗水、用实际行动,谱写下毛主席的光辉照耀金色炉台的歌曲。

亿吨产能不是终点,而是新的起点。

从这里 爱上实业

第三节
钢中"绣花"功夫

下面的取向硅钢生产流程图只列出了几个重要环节。

高磁感取向硅钢的生产流程极为复杂,控制节点最多。前端冶炼,要求将各元素控制在极窄的范围内;后端轧制,则需要满足极高的尺寸精度要求。其中,还有贯穿全流程的精细化管理。

要想确保取向硅钢这张芝麻大饼上撒下的每粒芝麻的尖头都朝着一个方向,生产技术要求之高、生产难度之大,极为罕见,仅关键工艺节点就有数千个。

前端生产有如此高的尺寸精度要求,是为了确保能够满足产业链中的下游企业对叠片加工、运行效率和振动噪声等的要求。

取向硅钢的尺寸精度意味着什么?仅以一个数据对比来看,一张 A4 纸的厚度控制标准是 104 微米,而一卷宽度为 1.2 米的取向硅钢,需要将厚度差控制在 5 微米以内,不到一张 A4 纸厚度控制标准的 5%。

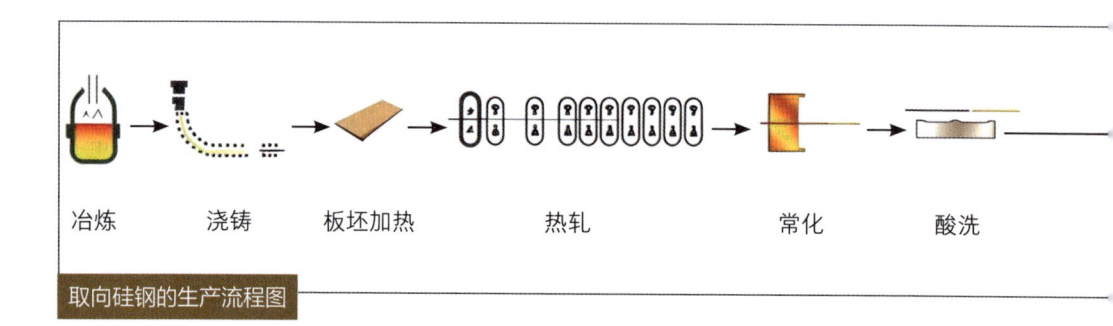

冶炼 → 浇铸 → 板坯加热 → 热轧 → 常化 → 酸洗

取向硅钢的生产流程图

相关资料显示，如果从热轧环节之后的生产流程开始，建造一条年产量为20万吨的无取向硅钢生产线，需要投入10亿元左右；建造一条年产量为15万吨的高磁感取向硅钢生产线，需要投入20亿元左右。如果建设全流程的硅钢生产线，则需要投入更多。在生产线建成后，还需要继续进行技术的研发和升级，同样需要资金支持。

对于高等级取向硅钢，从开始研发到产出成品，往往需要10年以上的时间和高额的资金投入。

在诸多因素的限制下，只有少数"玩家"具有挑战取向硅钢的实力和问鼎取向硅钢制造高峰的能力。

也正是取向硅钢全链条上的"精雕细琢"，才成就了这种钢片的华丽变身，获得钢铁产品"皇冠上的明珠"的美誉。

为了研制高等级取向硅钢，中国宝钢集团的硅钢团队设计了30多套实验装备，自主开发了数十项关键工艺参数检测技术，曾在一年内做了75轮试验，相当于通常情况下3年的试验数量。

"绣花"功夫，无处不在。长300米的连续退火炉，就是取向硅钢生产线上的一套关键设备。这里是钢材成为取向硅钢必经的一步，对炉内水汽的含量和温度的控制极其严苛，如温度误差必须严格控制在0.4摄氏度以内，以确保实现精确的热传导控制。

退火炉中的钢板内部聚集着无数微小的金属晶粒，其中一些晶粒的结晶方向与钢材轧制方向相同，完美契合导磁需求。同时，也有一些晶粒的结晶方向是杂乱无章的。

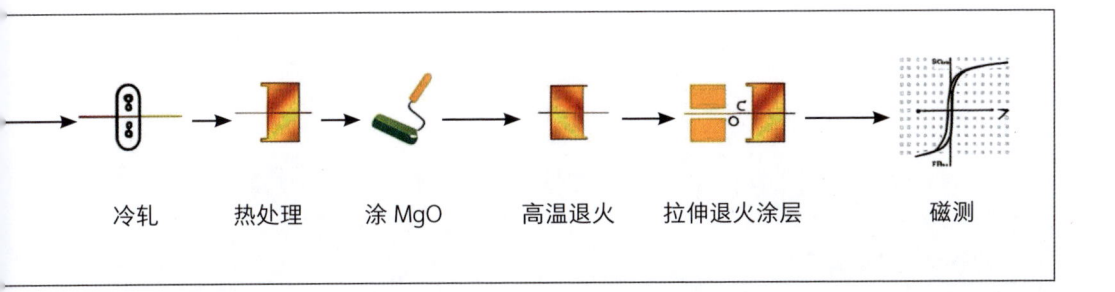

冷轧 → 热处理 → 涂 MgO → 高温退火 → 拉伸退火涂层 → 磁测

一张 A4 纸尺寸：210mm × 297mm
厚度标准控制：0.104mm 即 104μm

一卷取向硅钢宽度：1.2m
厚度控制标准：5μm

A4 纸与取向硅钢的厚度控制标准

接下来工程师们要做的就是让这些方向一致的晶粒继续生长，同时给钢片植入一种特殊物质，阻止方向不一致的晶粒生长。

经过长 300 米的连续退火炉的"淬炼"，钢材就拥有了独特的"基因"，这种"基因"决定了它们具有定向导磁性。在这里，铁损、磁感应强度、噪声等也会符合标准。

中国在这个核心环节的控制技术上，已经做到全球最优。

宝钢集团取向硅钢生产线上长 300 米的连续退火炉

第四章　钢铁新家族

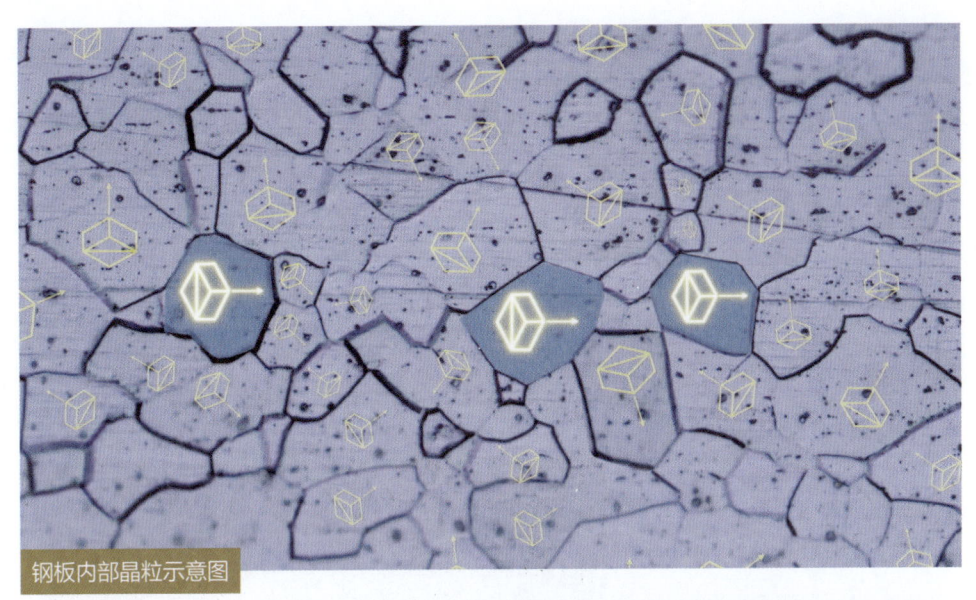

钢板内部晶粒示意图

环形炉的局部

  经过退火炉，钢板只是具备了形成取向硅钢的"基因"，而要想生长成完美的取向硅钢，还得经过整整七天的高温"烤"验。上图中的环形装置是为生产取向硅钢特制的设备——环形炉，被称为取向硅钢的摇篮。这里是取向硅钢晶粒再次结晶的地方。

  环形炉的直径为 60 米，共有 120 个炉台，将温度从 50 摄氏度到 1250 摄氏度划分为4个温区，且将温度误差严格控制在±2.5摄氏度内，使每个钢卷、每层钢板都能够均匀受热，从而保证取向硅钢的晶粒完美生长。

经过七天七夜共168个小时的加热，一批厚度为0.18毫米的取向硅钢出炉了。

看似斑驳"生锈"的钢片，在研发工程师眼里却是"宝贝"。事实上，这些斑驳不规则的色块，是激光刻痕后的样貌，对于研发工程师来说，这正是完美取向硅钢的晶粒表现。

2008年5月15日，宝钢集团取向硅钢第一卷合格卷成功下线，我国高等级取向硅钢自主研发实现从无到有的跨越。

取向硅钢第一卷成品，被郑重地摆放在了宝钢集团取向硅钢生产车间，提醒着后人不忘前路、继续努力！

2009年，采用宝钢集团取向硅钢制成的变压器，在三峡工程的检验中，一次性全部合格。

这证明了在高等级取向硅钢领域，中国不再受制于人。过去高等级取向硅钢核心技术被少数跨国企业垄断的情况，一去不复返了。

目前，我国的特高压变压器、换流变压器等已全部使用国产高等级取向硅钢。

厚度为0.18毫米的取向硅钢

2008年宝钢集团生产的取向硅钢第一卷成品

特别链接

18、高温热"焐"七天,神奇的一幕出现了

鸡汤炖时间长了,才能鲜香味美。

羊汤炖时间长了,才能汤白飘香。

海鲜炖时间长了,才能成"佛跳墙"。

钢铁"炖"时间长了,才能成取向硅钢。这是热"焐"七天的独特工艺。

在热"焐"七天之后,神奇的一幕出现了。钢铁内部的晶粒完全朝一个方向,就像一列整齐划一的队伍,朝着一个方向前进,也像随手撒下一把芝麻,芝麻的尖头朝向一致。钢铁内部的晶粒越整齐划一,方向偏离越小,电磁磁性就越高,可以想见热"焐"七天有多神奇。

为了研究热"焐"的独门秘籍,中国宝武钢铁集团为取向硅钢特制了一个"慢煨炉"——环形炉,就像煨佛跳墙一样,小火慢煨。在这个退火炉里,还真是"小火",比国际上通用的1400摄氏度低了200摄氏度。一旦入炉,就不能取出,必须煨足七天七夜共168小时。

工作人员只能通过智能仪器在炉外观测炉内温度等,随时调整,确保火候足、时间到,才能开炉。

这种钢材的制作十分讲究,用的地方更是高端,三峡电站、白鹤滩水电站、西气东输工程的各种大型变压器根本离不了它。取向硅钢是变压器里的"核心"制造材料,被称为"钢铁产品中的工艺品"。

中国生产出这种低温高磁感取向硅钢后,一举打破了高等级取向硅钢完全依赖进口、被少数外国企业垄断的被动局面。

从这里 爱上实业

第四节
取向硅钢"千层饼"

在下图中，工人们正在安装的是±800千伏换流变压器的铁心，采用的是0.27毫米厚的取向硅钢。这铁心虽然看着像纸片一样柔软，但实际上很有分量。

特高压换流变压器铁心叠拼现场

这样一个铁心的叠拼，需要 16 名工人三班倒，持续 4 天，叠拼 5000 层后才能完成。每人每天要翻动两吨钢片，这是一项极其耗费精力和体力的工作。

叠片看似简单，其实要求极严。

这些柔软的钢片有 20 多种，规格不同，大小不一。相邻两片的间隙必须严格控制在 1.5 毫米，这是使变压器磁力通畅、保持高性能传输的关键。

特高压换流变压器铁心的叠拼细节

挑战工人们的，绝对不只是体力，还要像绣花一样精细。

叠拼时，每级的宽度都要比上一级大，中间最宽处，正好是1384毫米；随后，每级的宽度又开始渐次缩小。最终，工人们要把5000层钢片，叠成一个边缘是锯齿状的阶梯圆。

每级的厚薄、宽窄都不相同，工人们要精准地控制变化的尺寸。而且，每级顶端的尖角必须在圆周线上，误差仅为±1毫米，难度可想而知。

少一分则太少，多一分则太多。只有这样，才能确保5000层34级的圆柱体完美成形。

而误差过大会直接影响后面层级的叠拼，最终降低变压器的性能甚至导致变压器报废。

有数据显示，输配电电力损耗占全国总发电量的6.6%，变压器电力损耗又占输配电电力损耗的40%。电力行业碳排放占比接近50%，降碳是关键，主要通过发电系统转型及输配电系统降耗实现。这就决定了未来硅钢的发展方向是高牌号、高硅、薄规格和高磁感。

好的取向硅钢支撑着中国的特高压行业不断攀登新的高峰，使中国制造硅钢的技术达到全球一流水平，并将国产硅钢输送到国外。

如今，国内±1100千瓦特高压输电领域和国外的一些特高压项目，用的都是中国制造的取向硅钢。

特别链接

19、特变电工的"大变"：小作坊里做出大道场

特高压是继高铁、核电后的第3张"中国制造名片"，全球电压等级最高、输送容量最大、输电距离最远、技术水平最先进、路线最长的±1100千伏特高压直流输电工程在中国。

从新疆维吾尔自治区昌吉市到安徽省宣城市古泉镇，3000多千米的距

离,在特高压输电线路建成后,电力到达只需要1秒。泵送电力的是两端的变压器,也就是特高压的"心脏"。

这个"心脏"是由知名的全球领军企业特变电工做的,在全国40多条特高压输电线路中,特变电工是神一般的存在,由它供应的换流变压器约占30%。

不过,特变电工的前身是一家资不抵债的街道工厂:昌吉市变压器厂,它诞生在居民区。

当时,它只是能修理变压器的小厂,艰苦到债主想拉走设备抵债;从废品收购站买来塑料布搭起简单的棚户;厂里唯一的运输工具是一辆破旧手推平板车;老车间遭遇火灾,厂房、设备、工具和原材料等大部分都被烧毁了,员工为了从火中多抢出几个线圈和零部件,裤子烧坏了、眉毛烧着了,甚至不顾油温,用手一捧一捧地抢地上的变压器油,手都烧伤了……

这样一家处境如此困难的街道小厂,在1992年第一个承包期结束时,本可以发放奖金197万元,但员工一分钱没要,全部投入工厂,扩大再生产。

1993年,新疆特种变压器制造股份有限公司成立。

1997年,特变电工在上海证券交易所上市。

此后,特变电工重组衡变、沈变等企业,从地方小企业成长为跨国大企业,从只能生产低端产品的小加工企业成长为拥有自主创新能力的行业龙头企业,成为全球特高压行业的领军企业。

同时,被称为"电网心脏"的变压器在未来的智慧电网中,将进一步提升电网的智能化水平和运行效率,发挥的作用会更大。

第五节
磁轭"万层饼"

20多年前，中国建设三峡电站时严重依赖进口的特殊钢材，除了制造变压器铁心的高等级取向硅钢，还有一种钢材——磁轭。它作为取向硅钢的"兄弟"，是制造转子的核心材料，用来产生转动惯量和挂装磁极，也是磁力线的通路。

磁轭片、磁极片及硅钢片被称为水轮发电机组的"三片"或"芯片"。其中硅钢片用于定子部位（最外圈）；磁轭片和磁极片用于转子部位（内圈，随水轮机转动）。磁轭片在内圈的最里面，磁极片挂在磁轭片外面，即处于内圈的最外侧。

下图描述了三者在水轮发电机中的位置关系。

磁轭片、磁极片及硅钢片在水轮发电机中的位置关系

2022年12月，白鹤滩水电站全部16台机组投产发电，这是仅次于三峡电站的世界第二大水电站。

白鹤滩水电站作为我国实施"西电东送"的国家重大工程，采用的是全球单机容量最大的百万千瓦水轮发电机组。百万千瓦水轮发电机组由中国自主研制，是水电制造中的"珠穆朗玛峰"，实现了我国高端装备制造的重大突破。

白鹤滩水电站百万千瓦水轮发电机组转子吊装现场

百万千瓦水轮发电机组中巨大的转子旋转起来，每分钟要转111圈，速度相当于每小时345千米，几乎和高铁一样快。这给磁轭的性能带来非常严峻的考验。

最终完成的转子是一个圆环，直径超过15米，近4米高，由2万多片磁轭片叠成，质量达到1274吨。这是个名副其实的"万层饼"，由多片扇形磁轭片叠装而成，钢片厚度仅为3~4毫米，各层钢片紧密叠拼，相邻两层之间的角度相差一定的值，最终叠拼成一个圆环。

必须确保2万多片磁轭片的厚度和平面度，否则叠拼起来很容易导致转子质量分布不均，当转子以每分钟345千米的速度高速运转时，巨大的离心力会导致相关部件损毁，进而威胁整个百万千瓦水轮发电机组的安全。

这就对磁轭的制造精度提出了极为严苛的要求：钢片尺寸要大、厚度要薄，平

从这里 爱上实业

太原钢铁集团生产车间

整度要高。在这样的要求下,制造磁轭相当困难。

虽然当时国外的磁轭转子性能好,但是白鹤滩水电站受地理位置的影响,需要将转子的面积扩大,国外的转子难以符合白鹤滩水电站的使用标准。

而且,全球的转子平直度维持在6毫米,无法满足白鹤滩水电站百万千瓦水轮发电机组的需求,中国的目标是把转子的平直度控制在1毫米以内。

中国企业只能自寻突破,武钢集团、太原钢铁集团等开始向这个高峰攻关。

经过近一千次比对测试,太原钢铁集团终于得出了大面积转子的钢铁成分数据。

为了将钢板平直度压缩到1毫米以内,还搭配了矫平机和辊系机床。

为了把磁轭平直度的误差控制在1毫米之内,在轧制过程中,必须确保钢坯的头尾温差小。热卷箱可以让80米长的钢卷迅速实现头尾互换,保持头尾温度一致。

经过5年攻关,太原钢铁集团形成了一套独特的生产工艺流程,基本解决了磁轭的"卡脖子"环节。国产磁轭转子不仅能做到更平整、性能更稳定,还打破了垄断,远远超出国外的水准。

在磁轭生产中使用的热卷箱

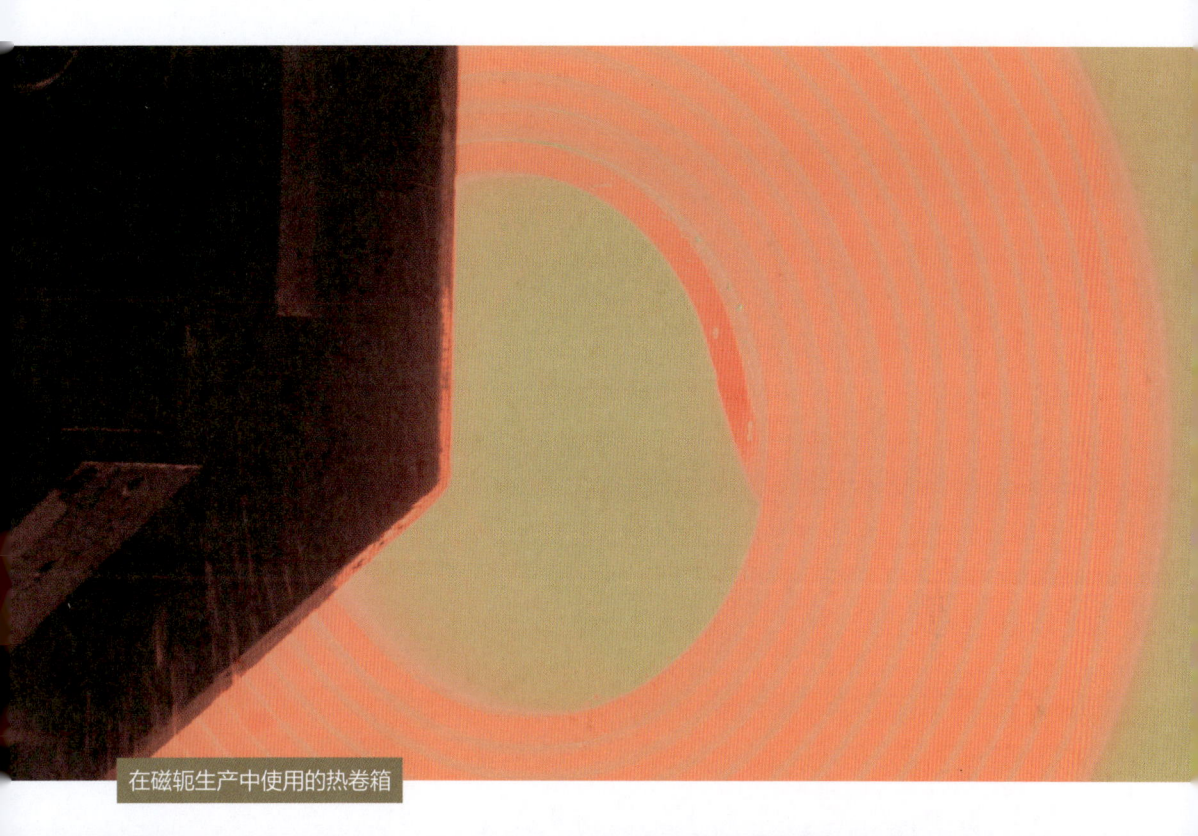

用磁轭片叠拼转子

这个"万层饼"的叠拼同样精细。质量为 1274 吨，近 4 米高，飞速旋转，时速为 345 千米，这就要求转子整体质量的分布极其平衡，只要有一片磁轭钢不平整，转子就会失衡，影响发电机组的安全运转。

叠拼时，每增加一米，工作人员都会对它的圆度和垂直度进行测量，当叠到 290 多层的时候，要把高度差控制在 2 毫米以内。这就要求材料的同板差要控制在 0.1 毫米以内。

工作人员要经常借助手电筒观测缝隙，检查平整度，只有缝隙不透光，才算合格。

最终，百万千瓦水轮发电机组的磁轭片平整度误差标准被提高到不超过 1 毫米，达到世界顶级水平。

如今，中国大型水电站的磁轭用钢已经全部实现国产化，技术已达到国际领先水平。此外，高强抗震钢、大厚度高级别水电钢板、高牌号硅钢也摆脱了原材料需要从国外进口的局面，钢铁行业成为百万千瓦水轮发电机组登顶世界水电"珠穆朗玛峰"的主力军。

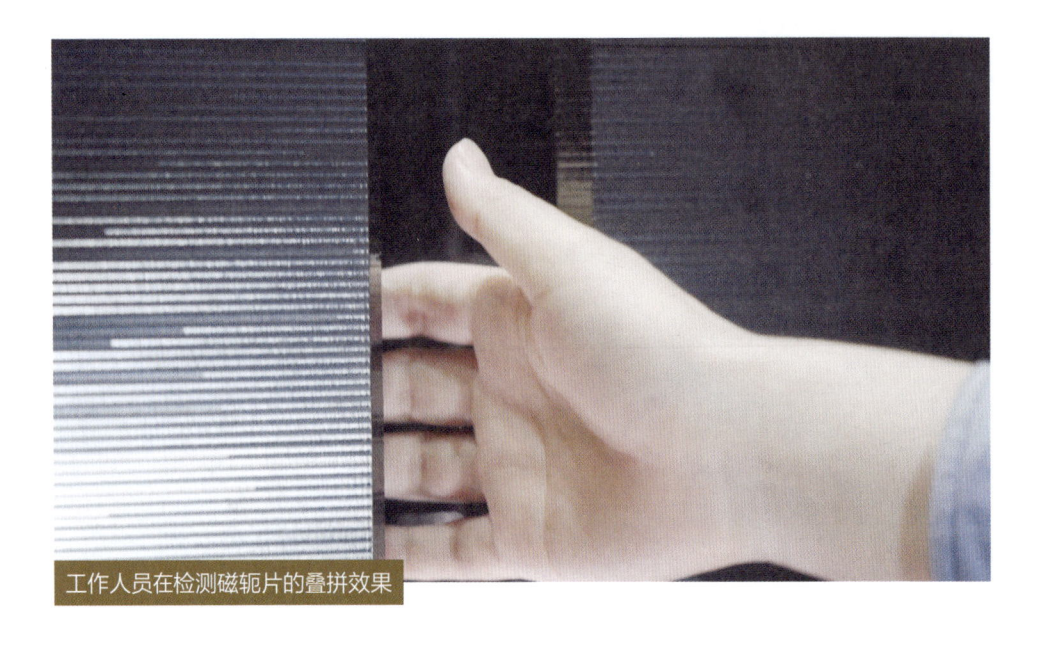

工作人员在检测磁轭片的叠拼效果

第四章　钢铁新家族

特别链接

20、从 800 千瓦到 100 万千瓦，登上水电的珠穆朗玛峰

中国水电装机容量从 1949 年的 36 万千瓦，跃升到 2024 年 9 月的 4.3 亿千瓦，年发电量达到 1.5 万亿千瓦时。

单发电机组实力也从最早的 800 千瓦，提升到世界水电的珠穆朗玛峰 100 万千瓦，用了约 70 年，单发电机组容量提升了约 1250 倍，从像小学生一样跟随到一路追赶，实现了如今的遥遥领先。

中国水轮发电机组起步于 1951 年，当时的单机容量只有 800 千瓦，由哈尔滨电气集团制造，拉开了中国水电从无到有的序幕。这台机组服役了近 60 年。

1980 年年底，哈尔滨电气集团又制造了当时我国最大的葛洲坝水电站 12.5 万千瓦水轮发电机组。这是我国完全自主研发设计、自主制造的大型水电机组，具有里程碑意义。

1994 年开始建设三峡电站时，共有 26 台主发电机组，左岸 14 台，右岸 12 台，单机容量为 70 万千瓦。左岸 14 台从国外采购，要求是在这个过程中把技术教给中国。作为学生的是中国东方电气集团和哈尔滨电气集团，相关人员充满开放心态、合作意识，在 6 年中，用全新的"三峡模式"，开创了中国巨型水轮发电机组设计制造的新局面。

一个舍得教，一个用心学。最终，右岸的机组实现了国产。

每次进步都是改革和开放的力度。

如今，中国的企业不仅攻关了百万千瓦水轮发电机组，达到了全球最大单机容量，还首创长短叶片等全新设计，勇闯世界水电装备百万千瓦水轮发电机组的"无人区"，登上了水电的珠穆朗玛峰。

当前，葛洲坝、三峡、向家坝、溪洛渡、乌东德、白鹤滩 6 座大型水电站，构成了世界上最大的清洁能源走廊，源源不断地向东部输送着清洁的绿色水电。

从这里 爱上实业

第六节
中国硅钢现状

历经风雨，终见彩虹。

2008 年以前，国内取向硅钢年产量只有 27 万吨左右，只能满足国内市场需求的 50% 左右，其余依赖进口，严重制约了我国电力行业的发展。

2017 年，我国从硅钢净进口国成为净出口国，打破了长期依赖进口的局面。

我国硅钢已具备低端、中端、高端产品全覆盖生产的能力，产品的表面质量、板形、尺寸、精度、包装等都可与国外同类产品媲美。

对于极薄取向硅钢、高端取向硅钢，以及新能源汽车等所用的无取向硅钢，我国的技术水平实现了全球领先。

宝钢集团有了更高等级的全流程取向硅钢生产线，自主开发了目前世界上损耗最低的取向硅钢，制定了全球唯一的特高压变压器铁心用超低损耗取向硅钢专用标准。宝钢集团也成为全球最大的硅钢供应商与制造基地。

研制出第一片高磁感取向硅钢的专家李国保说："我们的技术以前是追随，现在是领跑，但我觉得还不够，要把半个身位的优势努力扩大到一个身位。"

近年来，中国的硅钢产量已经占到全球的 3/4，稳居世界第一，而取向硅钢产量更是占到了 1/2 以上，已经出口到 38 个国家和地区，出口企业超过 200 家，有力支撑了我国特高压输电技术和装备产业链企业"走出去"。

钢铁行业的水平是衡量一个国家工业、农业、国防和科学技术水平的重要标志。可以说，在每块钢铁中都隐藏着一个国家兴衰的秘密。尤其是特钢的制造水平，决定着一个国家高端制造发展的高度，是衡量一个国家能否成为钢铁强国的重要标志，也是建设现代化钢铁强国的重要支撑。

在中国迈向工业化的进程中，全球正面临资源日益紧缺的形势，绿色、环保、低碳生活方式备受青睐，全面迎来电动时代和双碳时代。硅钢的创新升级，成为真正的"钢"需，带动整个电力系统节能降耗，覆盖从变压器、新能源汽车、家用电器到智能制造、空天、军工等诸多领域。

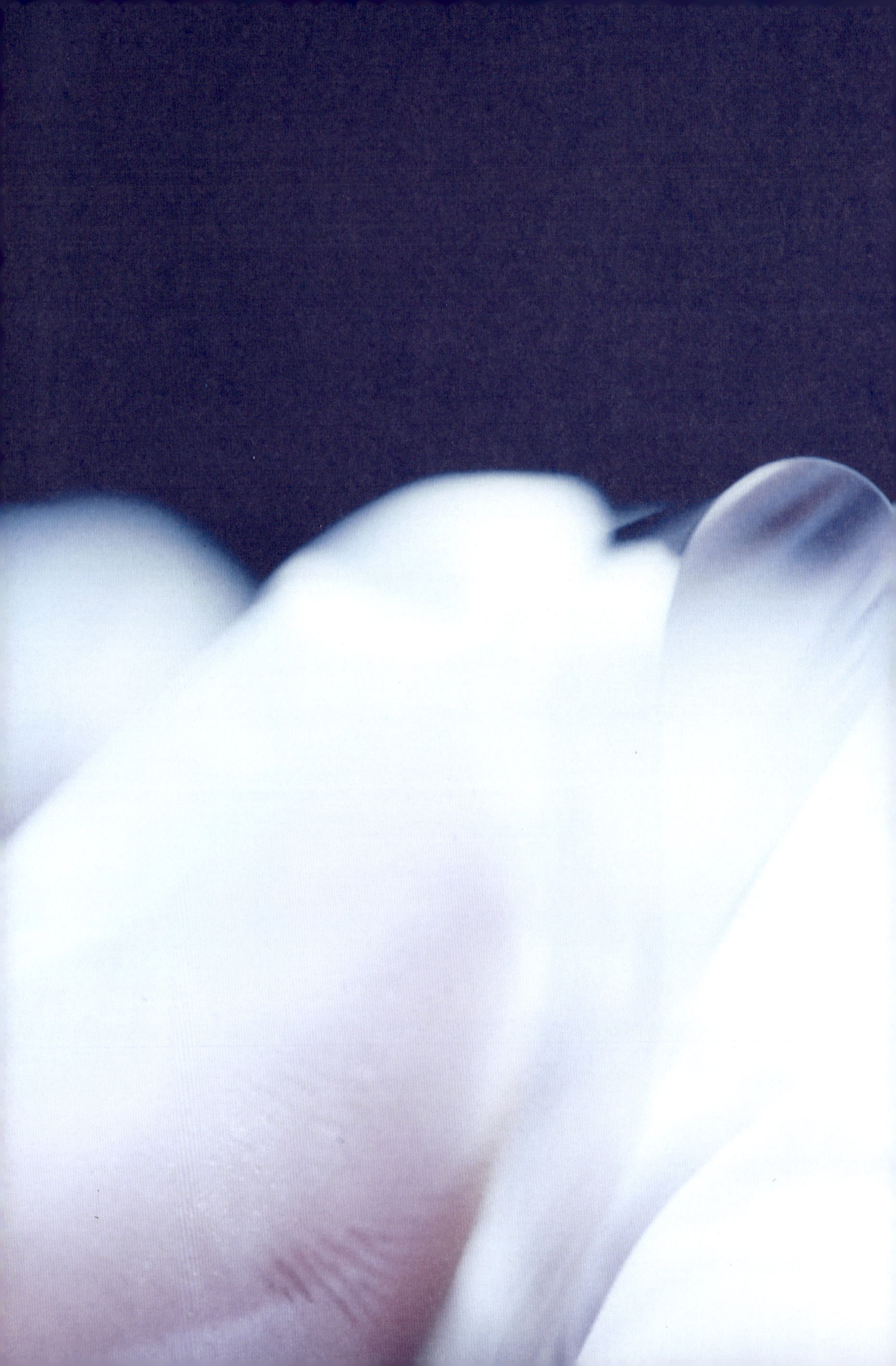

从这里 爱上实业

Chapter Five
第五章

小薄见水平

于细微处见真功

袁枚有句诗,"苔花如米小,也学牡丹开。"是赞身材很小的苔花也有向上的理想追求。在制造业中,能制造至细、至薄、至小的产品,就会成为连牡丹都艳羡不已的顶流。

考古发现,中国汉代就有薄如蝉翼的真丝织造物,技艺、材料和工艺都是顶尖的。如今,中国造出的0.15旦超细纤维更是全球一流,0.15旦表示1.5克重的纤维可以拉出20万米长的丝,由它制成的丝织品细腻柔软、至轻至薄。我们接触到的棉制品一般是80支、200支,比较厉害的是500支,是指一克棉可以纺出500米的细纱。由这样的纱线制成的一件衬衣可以卖到几千元,一件风衣可以卖到一万元以上,一套床上用品可以卖到几万元!

超薄的除了丝织品,还有中国建材集团旗下的凯盛科技集团生产的超薄玻璃,它的厚度只有0.12毫米。我们平时见到的玻璃硬、脆、易碎,而超薄玻璃柔韧平展,可以轻松折叠几万次。目前,折叠屏手机等高端产品都以超薄玻璃为基础。

在生活中,有很多小的产品往往是"狠"角色,这些"苔花"赛"牡丹",如圆珠笔芯、各类芯片、精密仪器的零件,还有一种叫作纳米微球的产品,更是绝伦,它的直径可以达到5纳米,相当于一根头发直径的1/12000。在常态下,纳米微球装在瓶子里,看起来像水溶液,一个汤匙中可能有十几亿粒纳米微球,它可以在生物制药中用于提取有用物质或过滤无用物质,也可以在液晶显示领域用于均匀涂抹液晶,并在视频检测和水处理方面大显身手。

能做小、做薄、做细的制造才是产业的内在真功。

第五章　小薄见水平

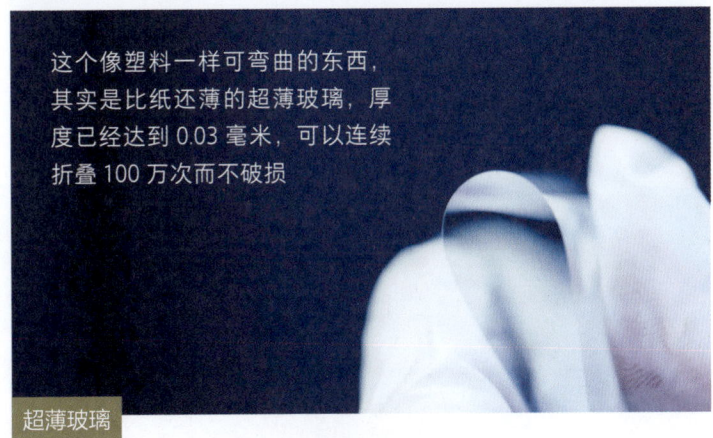

海岛纤维生产场景

这个像塑料一样可弯曲的东西，其实是比纸还薄的超薄玻璃，厚度已经达到 0.03 毫米，可以连续折叠 100 万次而不破损

超薄玻璃

多孔结构的纳米微球

从这里 爱上实业

第一节
百炼钢成"绕指柔"
——挑战极致薄（0.015毫米）

你能想到，右图中这条飞舞的龙是用钢片剪出来的吗？

这就是世界上最薄的手撕钢，厚度为0.015毫米，只有一根头发直径的1/6，用"薄如蝉翼"形容它一点都不为过。因为只需要用手就可以轻松将它撕开，所以有了"手撕钢"的别名，其实它的学名是不锈钢箔材。

手撕钢剪纸

别看这钢片像厨房用的锡纸一样，价格却不菲，1吨手撕钢的售价可达200万元，是常规薄板钢材的100倍。100元人民币面积大小的手撕钢的价值约等于100元。可以说，能生产这种超薄钢，相当于制造了一台源源不断的"印钞机"。

同时，手撕钢的用处又多得很，它可以做成飞机的"外衣"，为飞机机翼快速除冰，既能降低能耗，又能避免升空挂冰给飞行带来巨大安全隐患；它可以做成新能源电池包覆膜，与厚度为0.02毫米的不锈钢箔材相比，在相同的体积下，仅差0.005毫米厚度，电池容量就能增大17%；它可以用来制作精密电子设备，它也可以用来制作手机折叠屏……毫不夸张地说,它是航空航天、石油化工、军工核电、高端电子、柔性显示、储能电池等诸多高精尖领域离不开的核心材料。

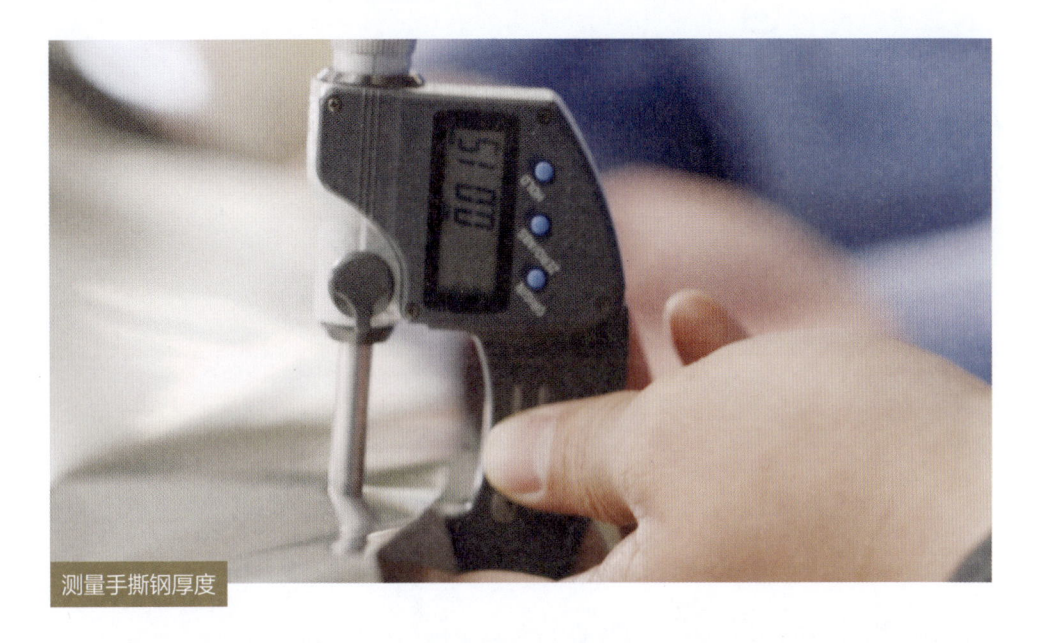

测量手撕钢厚度

2020年8月16日,全球最薄的0.015毫米宽幅手撕钢在中国宝武太钢集团(以下简称太钢)成功下线,创造了新的世界纪录。此前,日本生产的是0.015毫米窄幅手撕钢。

中国成功挑战世界极限的背后,埋藏着无数辛酸的过往和十几年的不懈努力。

时光倒转,2012年以前,太钢只能轧出0.1～0.5毫米厚的钢板,厂里请来外国专家,却被断言永远不可能生产出超薄宽幅精密带钢。

当时只有德国、日本等少数国家能生产0.02毫米厚的手撕钢,而且不向中国出口厚度小于0.03毫米的手撕钢,因为更高规格的手撕钢可以用于制造精密仪器甚至用于军事工业领域,我们只能从国外购买材料。

根据商务部2015年发布的数据,我国进口手撕钢就花费了1.64万亿元人民币的外汇储备。

被卡住了脖子,就得想办法挣脱。

从这里 爱上实业

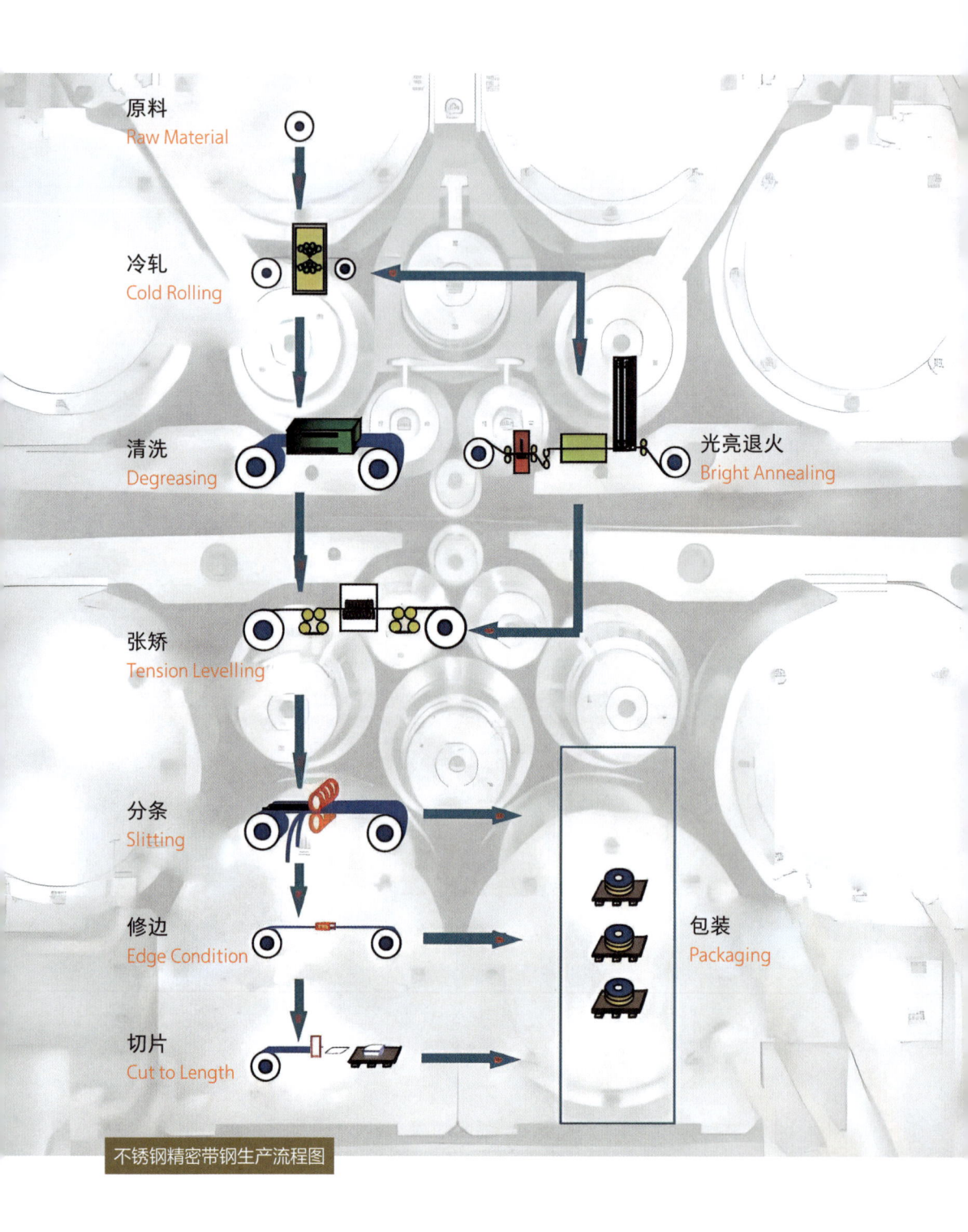

原料
Raw Material

冷轧
Cold Rolling

清洗
Degreasing

光亮退火
Bright Annealing

张矫
Tension Levelling

分条
Slitting

修边
Edge Condition

切片
Cut to Length

包装
Packaging

不锈钢精密带钢生产流程图

说起来容易，做起来却极为艰难。

当时，虽然我国的钢材产量已经居世界前列，但是在精密箔材上，却是一片空白。

手撕钢的制造要求极高，宽度为600多毫米的钢带，不能出现一点瑕疵，否则只能报废。大家都知道，大尺寸电视或计算机的显示屏，不能出现一个雪花点，否则会出现漏光等问题，影响使用。

简单来说，手撕钢就是把钢材像擀面一样擀成薄而透光的"春饼皮"，而且必须厚薄、宽窄一致。这可不是一张简单的"春饼皮"，而是把一块几吨重的钢材轧制成一张长度超过1千米、厚度比A4纸还薄的手撕钢"春饼皮"。

国际上要求，厚度精度正负相差不超过0.001毫米，也就是1微米，宽度精度正负相差不超过0.1毫米。这就要求钢材的延展程度、轧制力度、角度控制极其精细。

手撕钢制造过程中的每道工序都不能出差错，否则结果就是产品不合格。

要想制造出好的手撕钢，就必须有先进的轧机设备，目前市场上通用、首选的是20辊轧机。

手撕钢生产中常用的20辊轧机

手撕钢轧辊车间局部

有了"金刚钻",还得会用。

用于制造手撕钢的原始钢带的厚度约为 0.8 毫米,宽度约为 600 毫米,长度超过 1000 米。要把这样的原材料擀成厚度不超过 0.02 毫米的"春饼皮",关键就在于 20 根轧辊。而且每擀薄一次,轧辊就得重新配比一次。

20 根轧辊看起来是普通的圆柱体,其实有着极为细微的差异,正是这些差异成就了手撕钢,也正是这些差异给技术人员出了无数道难题。每根轧辊不仅直径不一样,形状和锥度也不一样。这些看上去整齐光滑的轧辊,其实大有文章,如果放大一千倍,会看到它们的表面有的是椭圆形,有的是圆锥形。这种锥形轧辊,一头磨得略尖,形成一头粗一头细的形状,但是两端之间的粗细差距却是纳米级的。

轧辊的形状和轧制的力度直接决定了轧出的钢材是否均匀平整,同时,还要解决轧制过程中抽带、断带的问题。这就像抻一根"裤带面",面点师傅一旦用力不均,极易使面断掉或厚薄不一。轧制手撕钢也是同样的道理,20 根轧辊有数万种排列组合,只有找到最佳方案,才能"擀"出完美的手撕钢"裤带面"。

第五章　小薄见水平

太钢手撕钢生产线

太钢的研发团队用了两年时间，经历了七百多次（平均约一天一次）的试验失败，对设备进行了数万次排列组合，解决了一百多个设备难题、四百多个工艺难题，每关都如翻越天堑一样艰难。

2018 年，我国终于"擀"出了厚度为 0.02 毫米的手撕钢，且幅宽为 600 毫米，是当时世界上非常稀缺的宽幅手撕钢。而当时具有先进水平的德国、日本等国家的企业只能轧制幅宽为 350～400 毫米的产品。

随后，研发团队再次攻关，向着世界最薄手撕钢 0.015 毫米突击。每突破 0.01 毫米，都是一次技术上的巨大跨越，都是一场全新的极限挑战。

从 0.02 毫米到 0.015 毫米，虽然这 0.005 毫米看似相差不大，但是在航空航天、电子等高科技领域的应用上，能产生巨大差异。仅以做电池包覆膜为例，在相同的体积下，与 0.02 毫米材料相比，采用 0.015 毫米材料的电池的容量就能增大 17%，这在新能源时代显得尤为重要。

在 0.015 毫米的手撕钢下线后，技术人员还要做最后的检测。

第一步是滴落测试，如果钢材表面不干净，水滴就会马上缩成一个球。在钢材表面很干净的情况下，水滴落下去，它会摊得很平很大，这样就能直观反映钢材的干净程度。

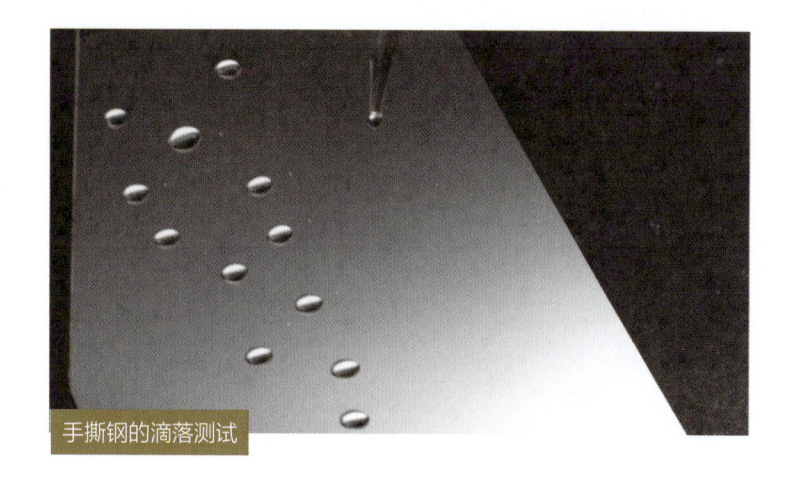

手撕钢的滴落测试

第二步是含油量测试，如果钢材含油量过高，彩笔留下的红色划痕会立刻收缩。

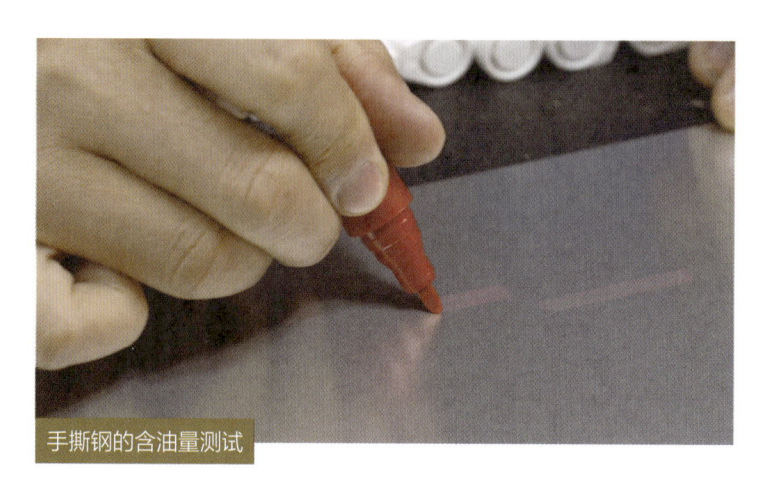

手撕钢的含油量测试

又经历了两年攻关，2020年，中国宝武太钢集团成功制造了0.015毫米的手撕钢。中国终于有底气宣布，这种规格的手撕钢技术绝不向曾经对此"卡脖子"的国家出口。

研制出手撕钢的高级工程师自豪地说："外国人能做好的事情，中国人肯定能做好；外国人做不到的事情，中国人也一定会做好。"

正是这钢铁般的信念支撑着攻关团队，目前太钢手撕钢已经形成了3大类20多个系列品种，拥有不锈钢核心专利30多项。更直观的是手撕钢的市场表现。在太钢研发出手撕钢产品后，该类进口产品的价格立马降了一大截，供货周期也从半年缩短至1个月。

特别链接

21、有了太钢的"擀面杖"，一吨钢板卖到了200万元

中国宝武太钢集团（简称太钢）用特殊的"擀面杖"，擀出了0.015毫米厚的手撕钢，它最大的特点是薄、能手撕，厚度只有一根头发直径的1/6。不过，薄只是它的优点之一，它即使很薄，也有极高的强度、硬度和电阻，被称为"钢铁行业皇冠上的明珠"。

不过，这种0.015毫米厚的"手撕钢"要卖到每吨200万元。而常规的薄钢板的厚度为0.2～4毫米，售价为每吨2万元。

贵就得有贵的道理，英雄必有用武之地。

手撕钢的应用场景非常高端，在精密仪器、航空航天、新能源和电子等领域，都能看到它的身影。在航空航天领域，手撕钢可以被制成即时发热的新型复合材料，为机翼快速除冰，极大地降低能耗，减少升空挂冰给飞行带来的安全隐患；在电子仪器制造领域，可以用在折叠屏手机上，它作为柔性屏能够实现折叠20万次而不变形、不断裂，平整如初；苹果手机背面的Logo有一种似镜面又非镜面的效果，就是因为手撕钢的材质特性；在医疗器械领域，手撕钢可用于刀片、钳子和外科手术器械等医疗设备的制造。

如今，太钢又生产出了手撕钢界"天花板"级别的新产品——掩膜板用膨胀合金，它是生产OLED柔性屏的主要材料，被广泛应用于智能手机。手机屏幕大小的钢片薄如蝉翼、半透明，光线可以轻松透过，它的表面密集分布着超过200万个小孔，孔与孔之间还得保持均匀的距离，肉眼难以分辨，借助高倍显微镜，可以清楚地看到一排排整齐的小孔。

这样的制造难度可想而知，又是一次极限挑战。

百炼钢成了绕指柔。

特别链接

22、钢铁印刷术有多厉害

在约1000年前的北宋，中国的毕昇发明了活字印刷术，这是人类印刷史上的一次伟大技术革命。这项技术大大提高了印刷效率，为传播知识和促进世界文明的发展做出了重要贡献。

从可以重复使用的活字，到更轻便的喷墨打印机，印刷术一直在进步。

你能想到各种颜色的墨喷到钢铁上吗？

钢铁表面光滑、不留痕迹，写个字，轻轻一擦就掉了。即使在上面喷字，也显得很不可靠。

不过，现在有个办法，可以让钢板轻松"接住"墨水，就像两种材料焊在一起，写字、作画，都不在话下。

这是一种专门的钢板，叫涂镀钢板。很长时间以来，高品质的涂镀钢板依赖进口。

当前，河钢集团已经突破这一技术，通过利用大型数字喷墨打印机，只要几分钟时间，就可以把油墨打印在钢板上，无论是森林风景画，还是梵高、莫奈的代表作，都清晰如照片。

这是一种通过 3D 数字技术实现高端定制的涂镀钢板产品，已经在高端冰柜上实现了量产。这种钢材具有较高的耐腐蚀性、多功能性，外观时尚，是制造家电、汽车、建筑、光伏等产品的关键材料。

河钢集团的突破，结束了国内高品质涂镀钢板依赖进口的局面，实现了涂镀行业全套核心技术的自主掌握。如今，每天可以生产 23 万张涂镀钢板，可供应 10 余万台家电的生产。

钢铁也柔情，把钢铁做成多姿多彩的艺术品，装点美好生活。

未来家里定制的冰箱，想要梵高的《星月夜》、莫奈的《池塘·睡莲》，或者自己拍下的有纪念意义的照片，都可以轻松实现。

第二节
纤细到肉眼几乎不可见
——挑战极致细（0.05旦）

曾经锦缎丝绸与粗麻葛衣是地位和财富的象征与差异表现，直到有一天，化学纤维成为一统天下的主要衣服面料，这一格局才被打破。

20世纪七八十年代，一种叫"的确良"的面料风靡全国，可以说，人们都把由"的确良"制成的服装视为最时髦的服装。

事实上，"的确良"是一种叫作涤纶的化学纤维面料。化学纤维面料的功能，令人咋舌。

- 的确良，耐拉又耐拽，耐洗又耐晒；
- 维纶，如棉花般吸湿，强度又超过棉花；
- 腈纶，被称为合成羊毛，制成的西装外形挺括，不易褶皱；
- 氨纶，有完美的弹性，常做内衣或运动服；
- 涤纶长丝，有珍珠光泽，手感顺滑，媲美天然真丝。

不过，归根结底，它们都是化学纤维面料，它们都以天然气、石油、炼焦工业中的高聚物副产品为原料，面料的万千变化都是由编织工艺在一经一纬中织就的。

可以说，这是从一滴油到一块布的蜕变奇迹，石化工业直接影响了化学纤维工业，化学纤维工业又带动了衣服鞋帽及时尚的演变。

这个过程正是化学纤维和天然纤维较量与并存的演变进程，化学纤维能够织多细，直接决定了制成的服装有多舒适、丰富。

看看演进历程，就能知道人类对极致细的追求是多么无止境。

棉线的直径为 20 微米左右，线密度为 5～70 旦。

蚕丝的直径为 10 微米左右，最细的桑蚕丝的线密度为 1 旦左右。晚清著名商人胡雪岩就曾斥资 2000 万两白银，试图遏制外商对丝茧贸易的垄断。

聚酯纤维（涤纶）的直径为 10～20 微米，线密度为 1～3 旦。此时，化学纤维在某些指标上，已经超越了棉纤维。于是，它一诞生就迎来全世界的追捧。20 世纪六七十年代，中国布局四大化学纤维基地、数个化学纤维厂，此后诞生了仪征化纤这样的特大型化学纤维企业，为的就是解决棉花产量限制导致的穿衣难问题。

甚至有人断言，如果没有化学纤维，就算全世界的土地都种上棉花，也难以解决全球人的穿衣问题。

化学纤维的线密度，在科技的加持下，不断接近柔软的桑蚕丝，并且持续突破，没有最细，只有更细。

试想一下，纤维可以细到什么程度？

2000 年左右，日本率先宣布生产出 0.3 旦超细纤维。

"旦"是纤维细度的衡量单位，是纤维定长制的线密度单位，表示 9000 米长的纤维在公定回潮率下的质量克数。也就是说，1 旦纤维，代表着长度为 9000 米的纤维的质量是 1 克。最柔软的桑蚕丝的线密度是 1 旦[1]。

0.3 旦曾被认为是工业化纺织技术的上限，世界上不会有人能突破它。

但是，中国制造出了 0.15 旦的超细纤维。

旦数越小，代表着什么呢？

大家想象一下，粗布之所以粗糙，是因为它的纺制材料是由棉花搓成的棉线。这些棉线单独看就很粗，因此接触皮肤会有摩擦的粗粝感。

化学纤维面料的旦数越小，意味着在相同的纱支下，必须增加纤维的截面根数。如果把棉线视为 1 根，那么化学纤维可能是成百上千根。可想而知，接触皮肤会产生怎样的细腻柔软之感。

如今，中国继续下探超细纤维的新极限——0.05 旦。这相当于把接近一根头发直径 1/50 的纤维劈成三瓣。用这样的纤维织成面料，其柔软性、舒适性、吸水率等都会有非常大的变化。

人们给这种纤维赋予了一个极具想象力的名字：海岛纤维。

化学纤维成丝前的液体原料是聚酯，技术人员要用两种聚酯生产出一种纤维，也就是海岛纤维。

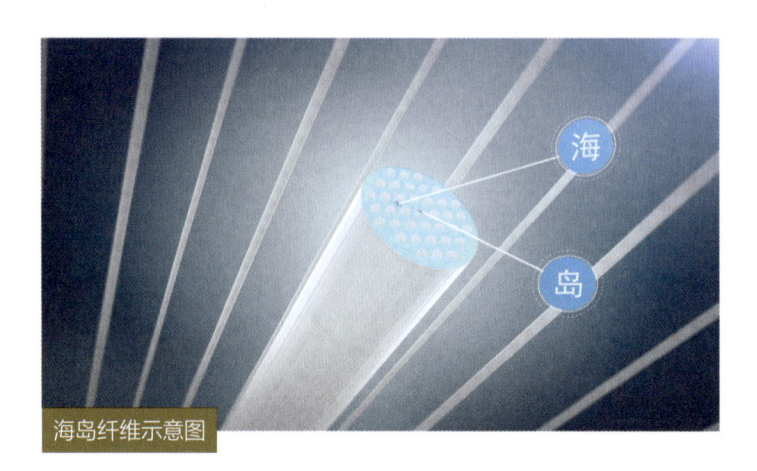

海岛纤维示意图

1　线密度的衡量单位有两个：分特和旦。分特（dtex）的衡量数值是 10000 米，用于短纤维；旦（denier）的衡量数值是 9000 米，用于长纤维。

海岛纤维生产车间

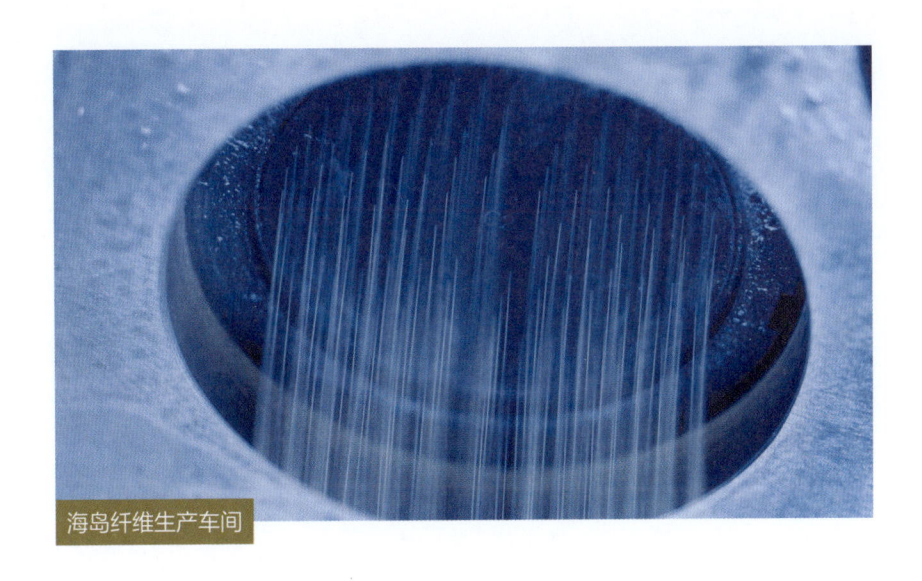

海岛纤维中的"海"是碱溶性聚酯,"岛"是常规聚酯,当"海"干涸时,"岛"会作为更细的纤维独立存在。但是,如果"海"太稀,"岛"就会来回游走,两种聚酯就会拧成一团;而如果"海"太黏,"岛"就会淹没在"海"底。因此,决定海岛纤维成败的关键,在于聚酯。

在生产海岛纤维时,要时刻关注"海"与"岛"两种聚酯的温度、压力等数值。存在温度差的两种聚酯,流经六层喷丝板,沿不同路径流动,最终汇合流出,进一步纺成丝。

细流冷却成丝,轻柔且富有韧性,织成面料则精细防水。海岛纤维源于麂皮,又优于麂皮,可以用来擦拭昂贵的精密仪器。

诞生于100多年前的化学纤维,就这样"一统面料江湖"。化学纤维不仅满足了人类对面料温暖柔软的诉求,还扮靓了人生,带来一波又一波时尚潮流。

关于超细纤维,国际上并没有统一的标准,不过,各国都在追求纤维的极致细。如果能研制出0.001旦的单丝,那么想象把这样一根单丝从地球拉到月球,其质量也不会超过5克。

中国也在努力攻关新的高度,从油变丝的传奇每天都在上演。如今,曾经"日出万匹、衣被天下"的"丝绸之都"苏州市吴江区盛泽镇,已经成为世界化学纤维重镇。每年全球化学纤维用量的70%以上来自中国。

第三节
透明如无物
——挑战极致薄（0.03毫米）

玻璃给人的一贯印象是透、脆、亮等，你能想到玻璃也可以是柔软的吗？

中国成功生产出了厚度仅为0.03毫米的超薄玻璃，可以连续折叠100万次而不破损，被视为玻璃中的黑科技。中国突破了这项曾经被"卡脖子"的技术，如今站在了世界纪录的巅峰。

这种超薄玻璃有什么用呢？

超薄玻璃与人们的生活息息相关。正是超薄玻璃成就了苹果手机，也拯救了一众手机品牌。

2007年，苹果手机问世，追求极致的乔布斯，担心手机触摸屏表面覆盖的塑料涂层硬度不够会导致花屏，于是委托康宁公司生产一种既符合强度要求，又保证不容易被刮花，同时厚度不超过1.3毫米的玻璃屏幕。这种屏幕的出现为新一代手机开启了一个新世界。

于是，对于手机、液晶电视、计算机等众多追求轻薄设计的电子产品来说，玻璃因薄而备受青睐。触摸屏越薄，用户体验就越好。可以说触摸屏打开了世界的"多彩视窗"。

一切因薄而多彩，生活因超薄玻璃而更美好。手机市场创新频出。手机能薄，那能折叠吗？2013 年，三星公司推出概念折叠屏手机，各大手机公司更是不断推陈出新，纷纷让手机屏"折叠"起来。

30 年来只为逐梦美好一"屏"的京东方，把国产柔性显示屏用在国产华为折叠屏手机上，也进入了苹果手机的供应链，研发好"屏"的梦想一步步走进现实。

那么，为什么要挑战极致薄呢？

在信息化时代，大尺寸显示玻璃是玻璃材料竞争的高点，世界各国都在不断下探极致薄。"超薄玻璃"也叫超薄电子触控玻璃，厚度一般为 0.1～1.1 毫米。因为这种超薄玻璃具有透光率高、柔韧性好等优点，所以成为电子信息显示产业所需的关键核心材料。超薄玻璃可以用于折叠屏手机、柔性显示屏电视等领域，还可以用于航空航天、国防科技等领域。

不过，为了研发这种材料，中国曾经面对了不少挑战。

世界上最早的既平整又透亮的超薄玻璃是由英国攻关的，采用一种叫作浮法工艺的生产技术，该工艺研发于 1952 年。

但是，生产它的皮尔金顿公司却对中国实行了技术封锁。

直到 1965 年，中国开始自主研制浮法工艺，用了 15 年，终于成功研制了 3～10 毫米厚的玻璃，但还是太厚，无法应用。

最终，原国家建材局蚌埠玻璃工业设计研究院的中国工程院院士彭寿和科研团队，攻克了 1000 多项技术难题，优化了洛阳浮法工艺，将玻璃的厚度不断减小。

2014 年，突破 0.33 毫米。

2016 年，突破 0.15 毫米。

2018 年，突破 0.12 毫米，这个厚度已经接近一张 A4 纸的厚度了。

2023 年，再次突破新的厚度极限：0.03 毫米，创下世界之最。

听起来很有成就感的一步步突破，却要迈过科研攻关的一道道门槛。

熔化后经过澄清、均化的玻璃液

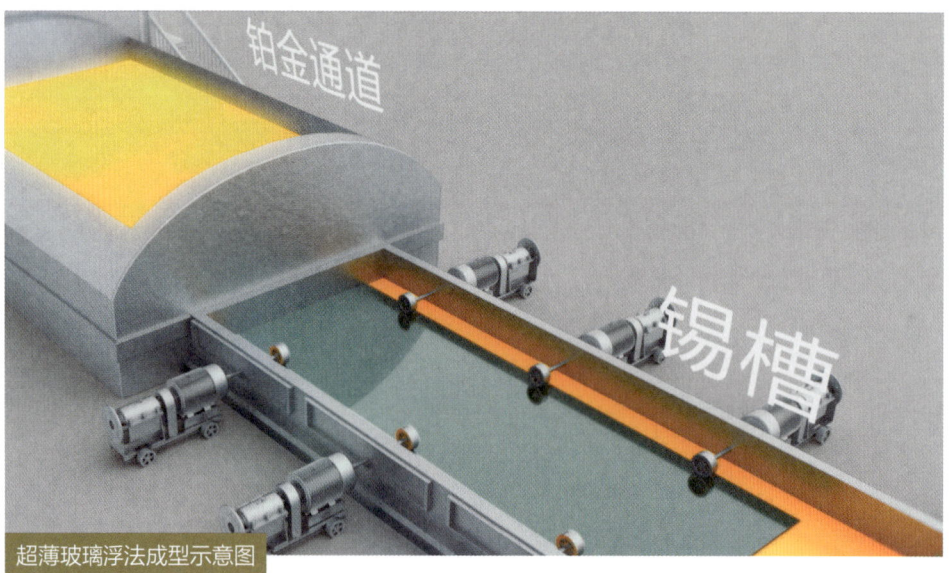

铂金通道

锡槽

超薄玻璃浮法成型示意图

  超薄玻璃的生产过程，其实是一个"点石成金"的奇妙旅程。
  它的原材料是石英砂。
  让石头变成金子，必须历经原料配比、熔化、浮法成型，再进行冷却、切割等。其中最关键的环节莫过于浮法成型，也就是曾经被外国限制卖给中国的技术。

经过 1300 多摄氏度高温熔化的高品质玻璃液，缓缓流入装满锡溶液的锡槽，两种溶液比重不同，玻璃液会在锡溶液上均匀摊开（就像水油比重不同，油会悬浮于水面上一样），再借助拉边机的作用，慢慢变薄。

冷却后，就得到面积为 5.5 平方米、厚度为 0.5 毫米的超薄玻璃。

接下来，要对这个 0.5 毫米的玻璃表面进行一次整体磨平，均匀磨掉 2 微米，也就是 0.002 毫米。难度相当于将标准足球场大小的平面均匀去掉 0.5 毫米的表皮。

浮法成型后的超薄玻璃

经过三道打磨抛光工序，得到一批长 2.5 米、宽 2.2 米的超大尺寸液晶玻璃基板，这是公认的生产大尺寸液晶显示面板的黄金尺寸，此前，仅有美国、日本可以制造。

如今，中国也能制造了，平均每 30 秒就有一片超大尺寸液晶玻璃基板下线。中国自主研制的洛阳浮法工艺，也同英国皮尔金顿浮法工艺、美国匹兹堡浮法工艺齐名，并称世界三大浮法工艺。

要想获得世界上最薄的 0.03 毫米玻璃，还有很多关要过。

首先就是生产出厚度只有 0.2 毫米的超薄高铝玻璃原片。

此后就是见证奇迹的环节：这些玻璃原片被整齐地固定在特制的喷淋架上，随后，用一些特殊配制的药液冲击玻璃表面，在这些"减肥"药液的作用下，玻璃成功"瘦身"。

厚度只有 0.2 毫米的超薄高铝玻璃原片

药液冲击玻璃表面

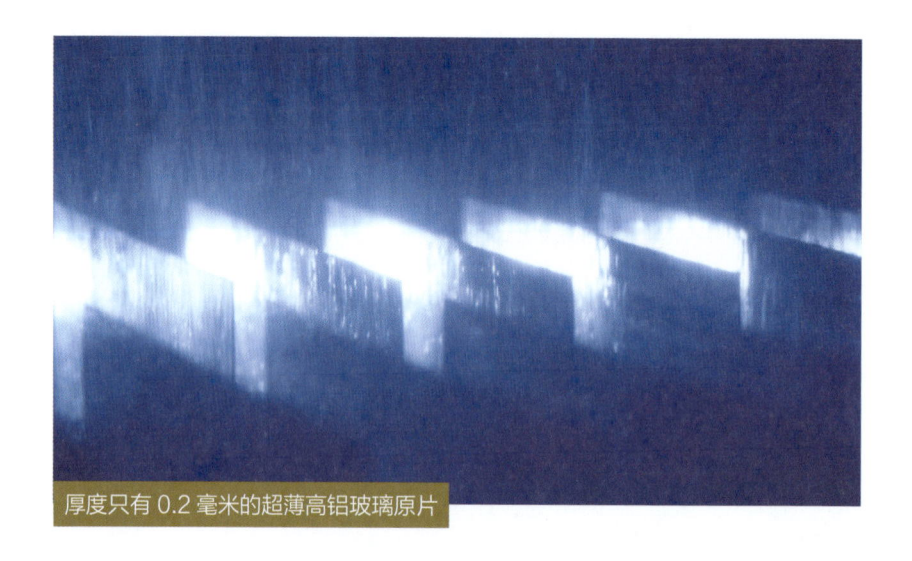

　　玻璃"瘦身"的核心和关键就是喷淋架特定的角度和喷头的特殊形状,当然,这是核心机密,不会外传。

　　此后,就获得了厚度只有 0.03 毫米的柔性玻璃,而且还能够确保弯折半径小于 1 毫米,连续折叠 100 万次而不破损,可以支持折叠屏手机使用超过 27 年。

　　这是中国团队创造的新的世界纪录。

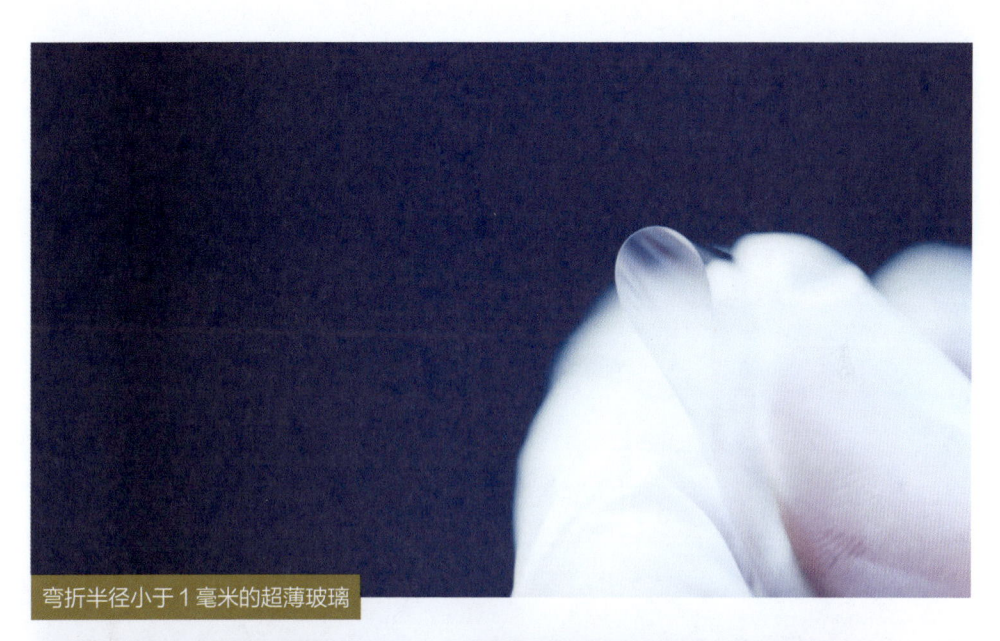

第五章　小薄见水平

弯折半径小于 1 毫米的超薄玻璃

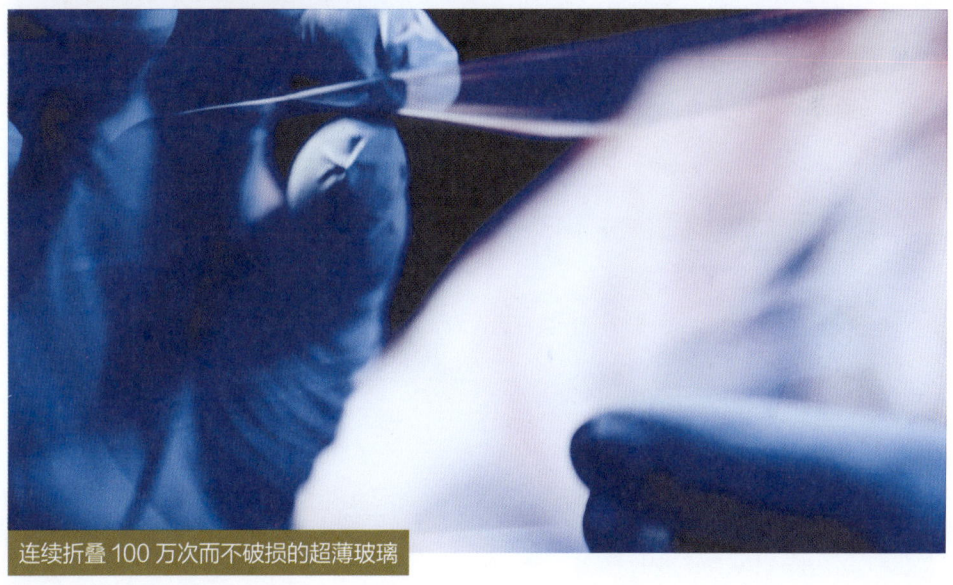

连续折叠 100 万次而不破损的超薄玻璃

第四节
隐入尘埃的颗粒
——挑战极致小的纳米微球

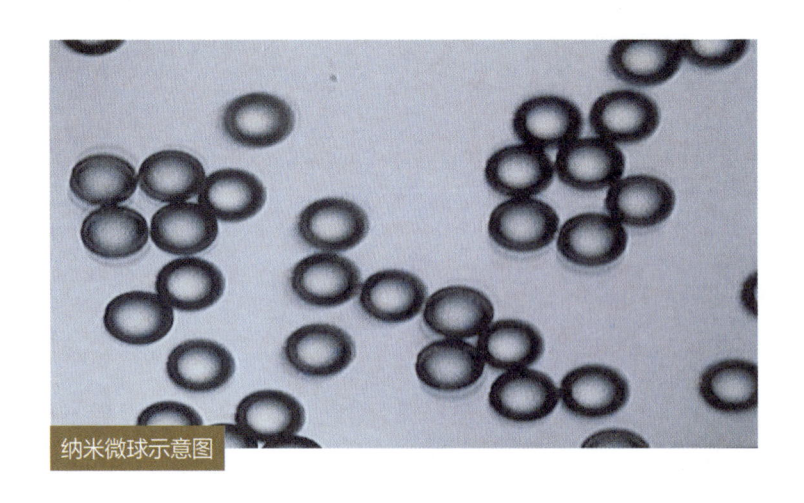

纳米微球示意图

纳米技术，一听就很高科技，再加上微球，似乎就更了不得。

事实也是如此，纳米微球是一种直径为 5～200 纳米的圆形小球。小到什么程度呢？1 纳米相当于一根头发直径的 1/60000。在纳米技术加持下的圆形小球被赋予了神圣的使命。

它的应用几乎渗透所有产业，如医疗器械、电子信息、生物制药、食品安全、水处理、节能环保、石油化工及国际安全等。可以说，没有纳米微球，就无法生产用于治疗癌症的生物药品；没有纳米微球，也无法生产手机和计算机使用的液晶显示屏。

纳米微球吸附功能示意图

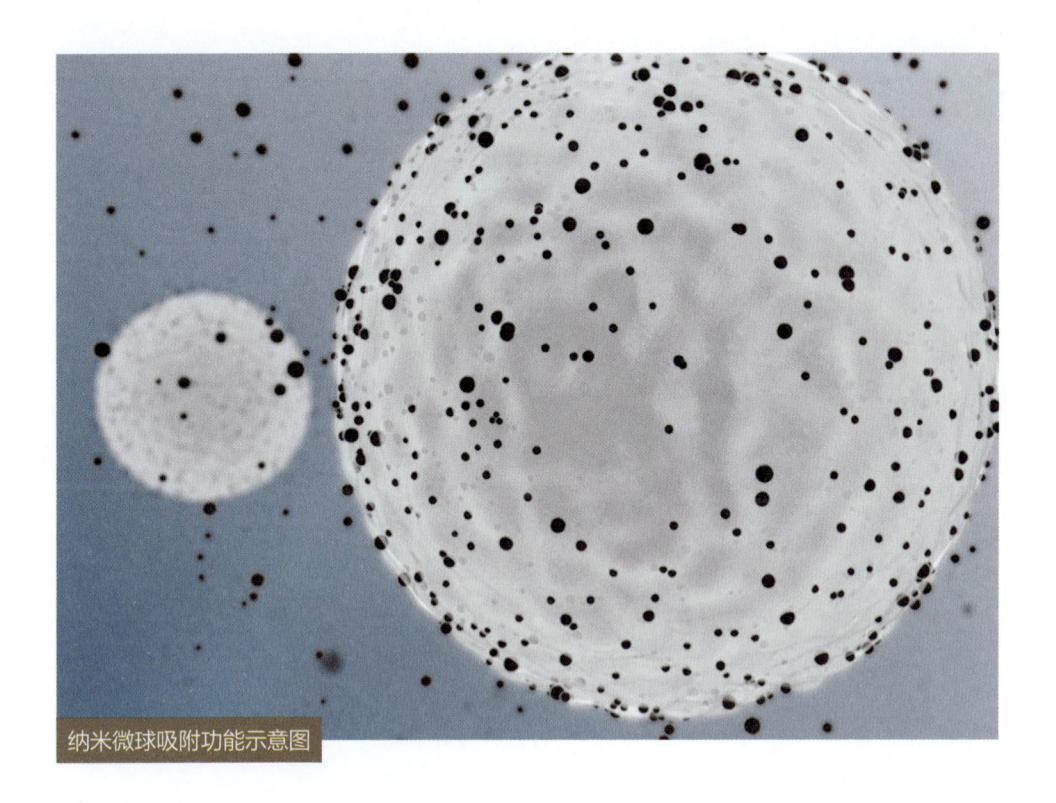

就拿液晶显示屏来说，它其实就是两块板中间夹着液晶材料，这就要求两块板之间的距离非常均匀，才能看到清晰且完美的影像。纳米微球均匀地放置在两块板之间，充当液晶间隔物，让我们得以尽情欣赏影像里的世界。

在医药领域，纳米微球则发挥超强的吸附功能，增强药物的有效性。

纳米微球就像具有"魔力"的使者一样，拥有"遁地术"，来去自由，穿梭自如，在不同材料间架起桥梁。别看它身材小，却仿佛拥有"神力"，有时候像千军万马，可以抵挡一切；有时候像武林高手，能够一招制敌。

纳米技术最早的构想出现于1959年，是由著名物理学家、诺贝尔奖获得者理查德·费曼提出的。此后，科学家们发挥自己的科研智慧，张开想象的翅膀，在纳米微球世界里不断探索，各国更是投入巨资试图占领高地。

如今，纳米微球的市场规模已经超过每年一百亿美元。在液晶显示等领域，被日本垄断；在生物制药等领域，则被美国和欧洲国家占据。

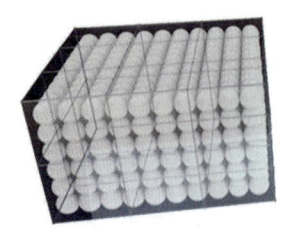

纳米微球拥有极大的比表面积，一克微球的表面积相当于一个标准足球场的面积

中国起步较晚，发展步伐较慢，仅微电子领域，中国每年就要进口价值几百亿元的纳米微球。纳米微球材料的制备与应用，也曾经被列入制约中国工业发展的35项"卡脖子"技术之一。

它的行业现状和前景，吸引了在国外工作的江必旺博士，2006年，他选择回国创业，带回来10个装满各种实验仪器和材料的大箱子，方向就是高性能微球材料的产业化。

纳米微球有个神奇的"特异功能"，那就是它拥有极大的比表面积。比表面积指单位质量物料所具有的总面积，单位是平方米每克。纳米微球不是表面光滑的圆球，而是有无数个"表面"的球。

一克纳米微球的表面积与一个标准足球场的面积相当。极大的比表面积使得纳米微球具有极强的吸附能力，让它在生物制药领域无可替代。

生物制药首要的瓶颈和最重要的环节是提纯。这时候，在特定的装置里，纳米微球就可以发挥它的"特异功能"了。它可以吸住杂质，过滤出高纯度药物；也可以吸住药物的有效成分，滤除杂质，从而起到分离药物杂质的作用。纳米微球的能力直接决定着药物的纯度，从而可以避免低纯度药物引发过敏反应甚至危及生命。

制造纳米微球的材料是塑料或二氧化硅，在反应液里，塑料或硅烷变成液球并固化。

利用这种方法生产的微球大小不一，需要进行精密筛分。筛分工艺是行业秘密，它的原理是利用大小球浮力不同的规则，根据下沉速度的不同，在液体中对其进行分离。

原理看起来很简单，但是操作起来绝非易事。因为纳米微球每隔 0.2 微米是一个规格，分开 2 微米和 2.2 微米的两种球是极其困难的，目前只有日本的公司可以做到，周期长达 6 个月。

中国的科研人员另辟蹊径，独创了"种子法"，让"种子"根据需求"长"到一定的大小。用这种方法生产的微球，大小均匀，可以满足高端应用需求，得到的产品效果好，使用量还可以减少到原来的 1/4。

十五年磨一"球"，中国的纳米微球最终获得了市场的认可。这完美的表现，让中国生产的纳米微球成功销往欧洲百年药企，并且替代了国际上的其他厂商，其中包括一家世界五百强企业。

如今，苏州市已经聚集了超过 1000 家企业，建成了国家级纳米新材料产业集群，成为全球五大纳米产业集聚区之一。

在纳米级的微小尺度范畴，中国正在撬动价值数千亿元的超级市场，一个个与纳米相关的学科和产业方兴未艾，探索着人类材料加工的未来。

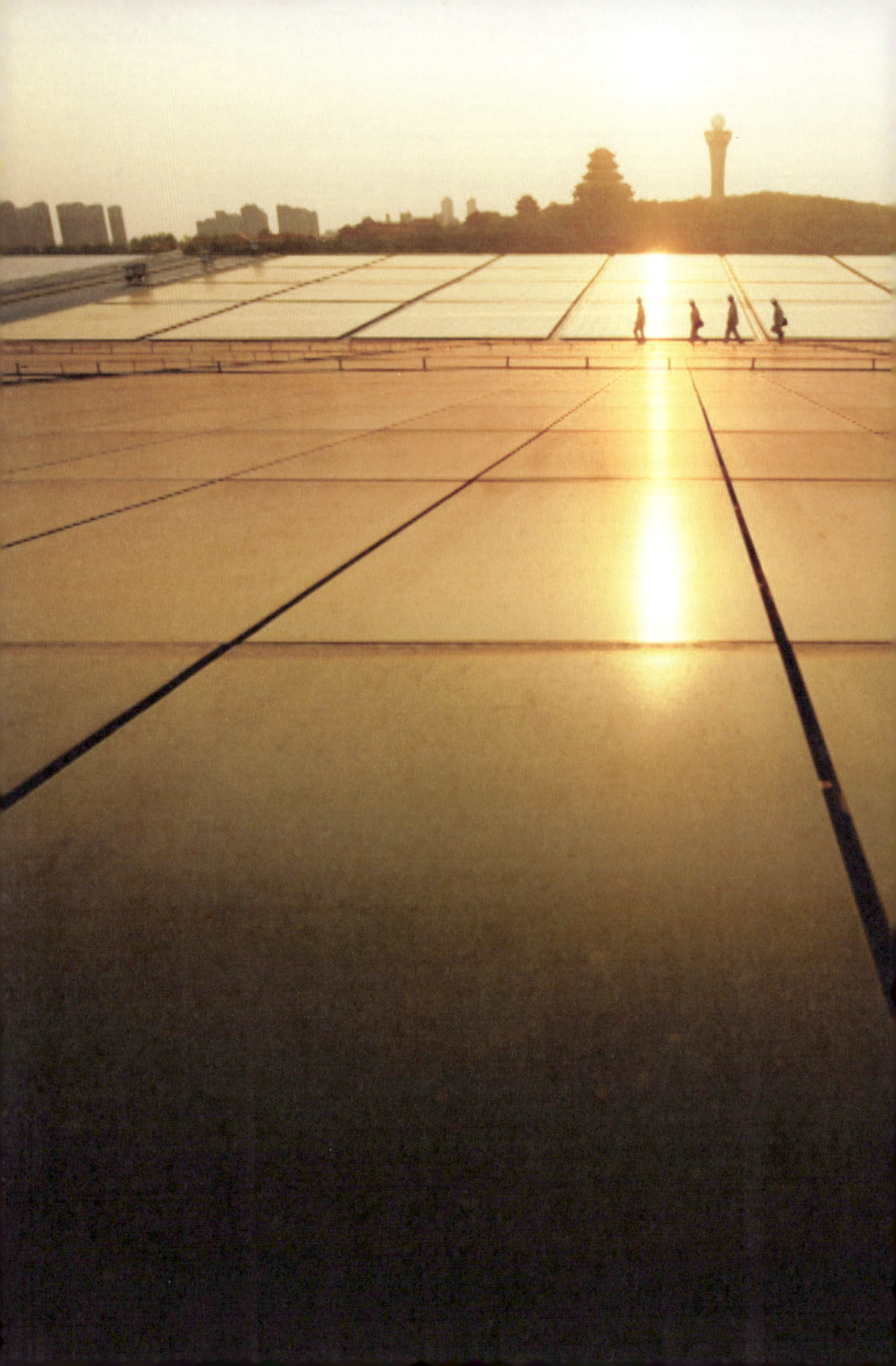

从这里 爱上实业

Chapter Six

第六章

电从太阳来

太阳向下，晶硅向上

人们常说"浓缩的都是精华"，而将普照的阳光收集起来，实现光伏发电，就是人类经过多年努力实现的创举，是对材料、工艺、装备、技术、应用、转化等的多层次、多方面浓缩。

由多晶硅和单晶硅制成的太阳能电池板遍布高山、大川、沙漠、戈壁，让过去贫瘠荒凉的地方的阳光有了显贵神气的风采。目前中国光伏发电总装机容量已经达到7.7亿千瓦，约占发电总装机容量的1/4。光伏发电目前也是中国实现双碳目标的主力之一。

值得一提的是，光伏发电进入中国近20年，在全球演绎了"创新改变命运"的传奇。

20年前，中国光伏发电虽然产能不小，但三头在外，原料、市场、技术，我们一样都没有。之前每千克多晶硅的原料为400美元左右。在这样的情况下，中国光伏产业发展在全球实现了遥遥领先，光伏产业还产出了中国首富。2008年金融危机袭来，中国的光伏产业惨遭多头打击，几乎遭遇灭顶之灾。原本的产业英雄中国首富，落寞破产。多晶硅的价格从每千克400美元一下子降到20美元！

中国的光伏产业并没有倒下。

十几年后，中国光伏在全球原料、市场和设备领域俨然是"一条好汉"。

多晶硅的价格已经降到了每千克40元，我们的光伏发电实力在全球遥遥领先。

其中的甘苦、风雨、拼搏、起伏，构成了一首雄浑悲壮的交响曲。从多晶硅到6个"9"的单晶硅，再到9个"9"的单晶硅，发电转化率从百分之十几提升到如今的百分之二十几，正在向百分之三十迈进。

在即将到来的双碳时代，装备、技术、材料，以及产业链，应对全球能源革命，更有大文章值得期待。

太阳能电池板的不同应用场景

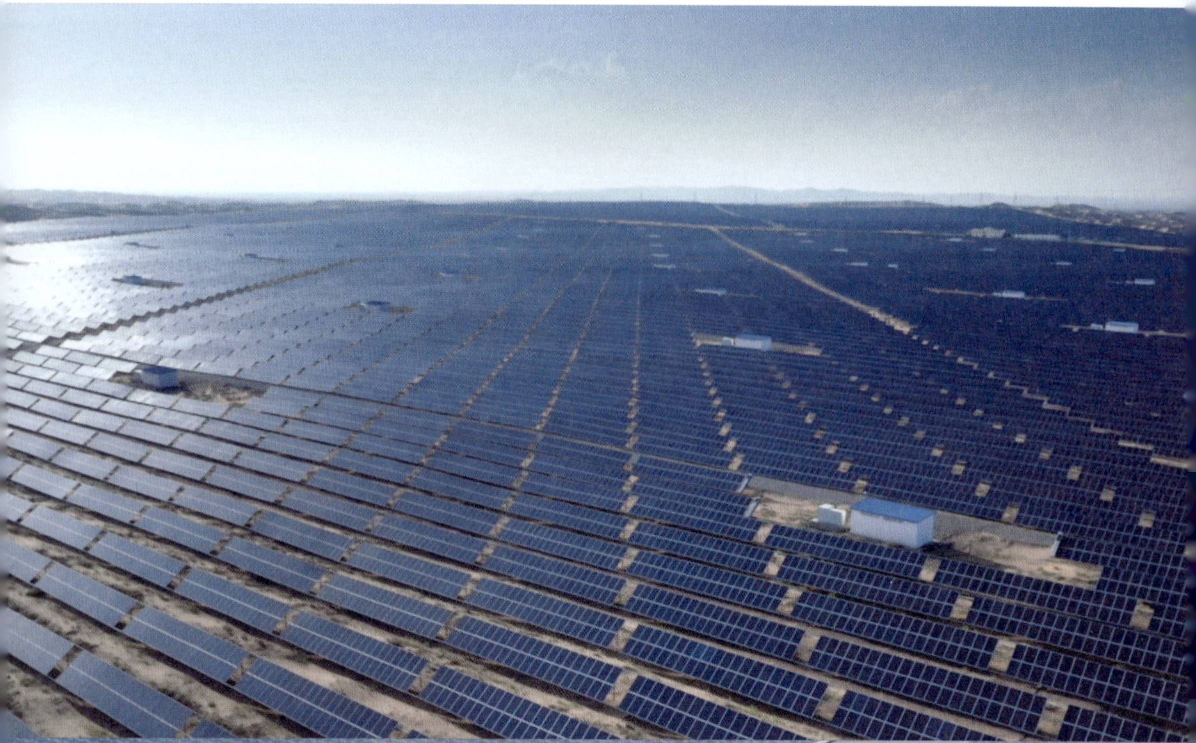

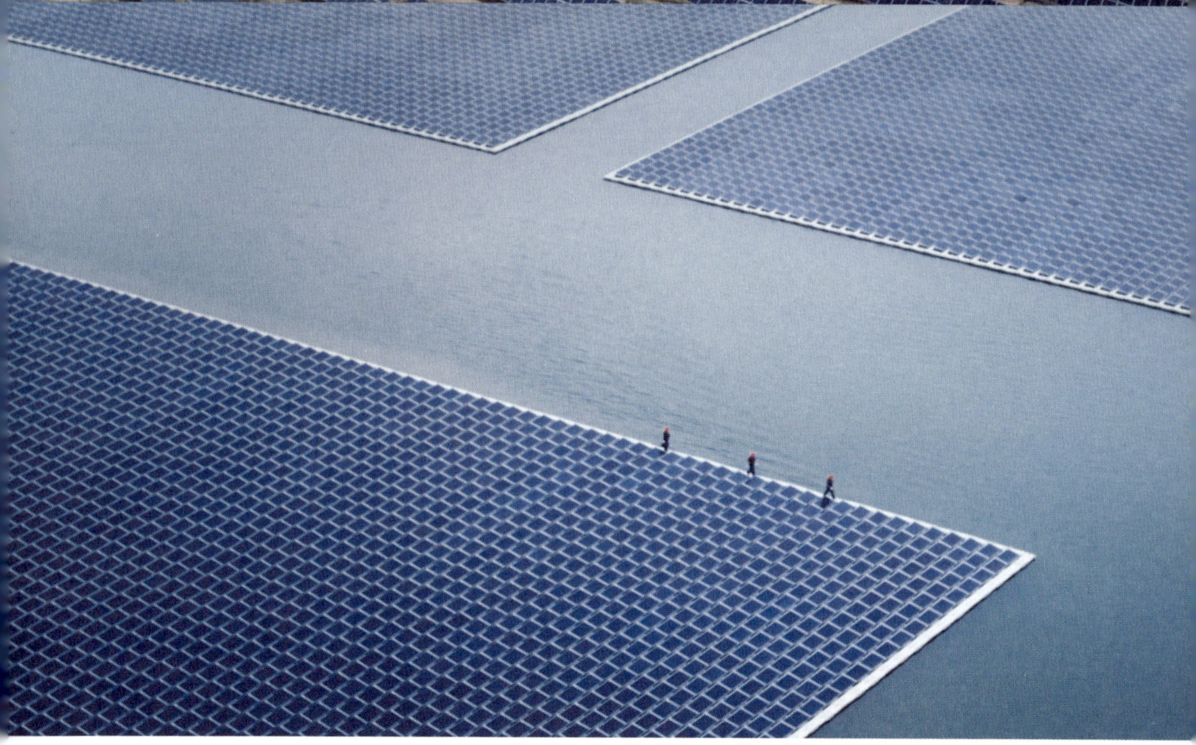

第六章　电从太阳来

第一节
中国首富施正荣：太阳能短暂的辉煌

说到中国的太阳能，有一个人不得不提，那就是施正荣。

施正荣，何许人也？

他传奇的个人经历和因太阳能而获得的辉煌交相映衬。他一出生就被父母送给他人收养，后来赶上第一波恢复高考，顺利考上大学，又攻读硕士，而后前往澳大利亚攻读博士。

他博士学位攻读的方向正是太阳能，师从"太阳能之父"马丁·格林教授，当时是1988年。施正荣不仅顺利拿到博士学位，还"顺带"攻克了"使硅薄膜生长在玻璃上"这一世界难题。

此后数十年，全世界都为这种长在玻璃上的材料所折服，材料更新了一代又一代，技术进步了一个又一个台阶，终极目标都是让来自太阳的"神火"能够照亮地球。

2000年，目睹了太阳能市场的迅猛发展，施正荣毅然选择了回国创业，开启了中国光伏产业的商业化。有人评价"一个施正荣，半部中国光伏史"，这不仅是施正荣的人生转折，还是中国光伏产业的重大转折。

此前，中国的光伏产业还停留在小范围试验阶段。

1983 年，我国建起第一个村用光伏电站，总装机容量只有 10 千瓦，位于甘肃的一个乡村，仅能满足 36 户村民的用电需求。

中国第一个村用光伏电站，位于甘肃省兰州市榆中县园子乡小岔村

1999 年，英利集团有限公司承担了国家年产 3 兆瓦多晶硅太阳能电池及应用系统产业化示范工程项目，填补了太阳能电池商业化生产空白。

2001 年，施正荣创办了无锡尚德太阳能电力有限公司（以下简称无锡尚德），创业的领域就是多晶硅电池，成为中国最具引领性和代表性的光伏企业之一，施正荣也被称为中国"光伏教父"。

施正荣迅速建立了 10 兆瓦太阳能电池生产线并获得成功，产能相当于此前 4 年全国太阳能电池产量的总和，并一举将中国与国际光伏产业的差距缩短了 15 年。

此后，无锡尚德如坐火箭一般，融资、扩张、上市，一路飞升，无锡尚德很快成为全球最大的光伏组件制造商，无锡市也成为中国最大的光伏产品生产基地。

2005 年，无锡尚德在美国纽约证券交易所上市，成为中国第一家在美国纽约证券交易所上市的民营企业。施正荣迅速斩获身家 22 亿美元，超过了曾经的荣智健和黄光裕，成为当时中国大陆新的首富，荣登中国富豪榜榜首。

风光无限的施正荣备受各大媒体关注，成了最权威的专家型企业家。

只要有钱，就能投产；只要投产，就能赚钱。这恐怕是大家对当时中国光伏产业最贴切的描述。

施正荣的太阳能"造富"神话，让中国企业闻风而动，纷纷投产太阳能，引发一轮太阳能生产线野蛮生长的扩张热潮。

彭小峰在江西省成立赛维LDK，并投产100兆瓦硅片产能，成为当年亚洲最大的多晶硅片生产商。

协鑫建成了国内最大的1500吨级多晶硅设施，而在此前的2005年，全国的多晶硅产量仅为60吨。

刘汉元的通威集团原是做饲料的农业公司，也投入了光伏产业。

李振国早在2000年就在陕西省成立了隆基绿能的前身——西安新盟电子科技有限公司，主攻当时不被看好且成本较高的单晶硅生产线，后来一直深耕单晶硅领域，成为新的陕西省光伏首富。

2007年，中国太阳能电池产量达到1088兆瓦，占世界总产量的27.2%，成为太阳能电池的第一大生产国。当时全国的太阳能电池安装量仅为世界安装量的1%，由这些数据可以看出，中国生产的太阳能电池几乎都走出了国门。

国际大背景如下。

1997年12月，联合国气候变化框架公约国在日本京都签订《京都议定书》，约定所有发达国家2008—2012年的温室气体排放量要比1990年的平均排放量低5.2%。在会议结束后，各国纷纷出台环境保护政策，其中就包括对光伏发电进行补贴的政策。

1998年，我国签署了《京都议定书》，并承诺承担减排任务。中国开始关注光伏发电技术的市场化应用。

2004年，德国对《可再生能源法》进行修订，要求电网公司以0.5欧元/千瓦时（2004年，欧元兑人民币的加权平均价为1欧元兑人民币10.3951元）的价格收购光伏电量。要知道德国当时居民用电的成本平均为0.13欧元/千瓦时，而光伏发电的收购价格居然约为用电价格的4倍，足见德国对太阳能这种清洁能源的重视程度。

此时，国际上的社会学家、环保人士等，更是不遗余力地倡导大家共同努力，阻止全球变暖。

其中最具影响力的莫过于纪录电影《难以忽视的真相》。2006年，这部电影在圣丹斯电影节上映，由曾任美国副总统的知名环境学家阿尔·戈尔主演。

这部电影讲的是阿尔·戈尔凭借个人魅力，结合科学论证，并用情理兼具的讲述和亲自斡旋参与等方式，向观众阐释了全球变暖的现象，并亲力亲为地阻止全球变暖的故事。

在这部电影中，阿尔·戈尔极力推动太阳能的应用，为太阳能产业的发展和阻止全球变暖做贡献。

纪录电影《难以忽视的真相》海报　　《人类消失后的世界》海报

2008年，又一部电影《人类消失后的世界》问世。它用一场极端的科学试验，模拟了人类消失后，世界恢复它原本的样子的过程，探讨了消除人类存在过的痕迹和影响这一过程需要多久。通过这种方式，这部电影向观众传达人类是如何改变世界的。

在这部电影中有一个细节，它提到每个人散发的热量相当于100瓦灯泡的热量。例如，对于有着800多万人口的纽约，在人类消失后，环境温度会立即下降1摄氏度左右。

这场试验展示了大自然有着超强的自我修复能力，它以分钟、小时、天、年为单位，慢慢抹掉人类存在过的痕迹。

当环保人士共同为阻止全球变暖呐喊时，当太阳能产量呈几何级增长时，有一件事悄然发生了。

2008年，由美国雷曼兄弟破产引发的金融危机迅速波及全球，美国和欧洲国家大幅下调光伏补贴，光伏项目停滞，这给严重依赖国外市场的中国光伏产业带来一次致命打击。

当时，中国光伏产业严重依赖国外市场，产业链上90%的原材料（如单晶硅、多晶硅等）依赖进口，产品销售又严重依赖出口，中国的光伏产业是典型的"三头在外"产业——原料、市场、设备都依赖国外。

可以说，当时中国光伏产业的命门被外国上游原材料公司紧紧握在手中，而随着金融危机的暴发和全球经济的下滑，中国出口贸易受到重创。

当时，中国作为光伏产业的"来料加工"中心，本就缺乏定价权和话语权。

2004年以后，随着中国光伏产业规模的急速扩大，晶体硅原料的价格暴涨。从2006年的20美元/千克（2006年，1美元兑人民币7.9590元）不到2年就涨到了500美元/千克，约为原来的25倍。可以说，在整个中国光伏产业链上，最大的"蛋糕"被美国和欧洲国家的资本瓜分。

因此，当金融危机的多米诺骨牌倒塌时，必然殃及中国，中国光伏产业风风光光的崛起之路停在了2008年。

不久，无锡尚德也遭遇了巨变，于2013年宣布破产。不过，在蛰伏了近10年后，施正荣又带着数十亿元回到了中国，他的目光依然投向光伏市场。

从这里 爱上实业

第二节
向阳而生的光伏自救

中国企业面对国外市场的"收割",开始了向阳而生的光伏自救,自救带来的是光伏产业自强且稳健的暴发。

曾经的原料、市场、设备三头分别开始了破局。

国家以前所未有的重视程度,开启了对光伏产业的大力支持,先后出台了大量支持政策,将光伏产业列为重要战略产业,同时为光伏产业提供资金上的支持。

2009年,国家启动"太阳能屋顶计划"和"金太阳示范工程",并在西部光伏电站建设中采取特许权招标制,助力中国光伏战略反攻,开拓国内市场。光伏补贴以激励竞价和投资安装补贴为主,即"容量补贴"。

2011年印发的《国家发展改革委关于完善太阳能光伏发电上网电价政策的通知》,成为中国光伏标杆电价的里程碑,从此中国光伏补贴政策开启了电量补贴时代。

中国每年出台关于光伏产业的政策超过10个的情况持续了5年。

回看光伏历史可以发现,光电转换效率是人类打开太阳能发电大

中国光伏产业的政策数量

第六章　电从太阳来

太阳能电池板

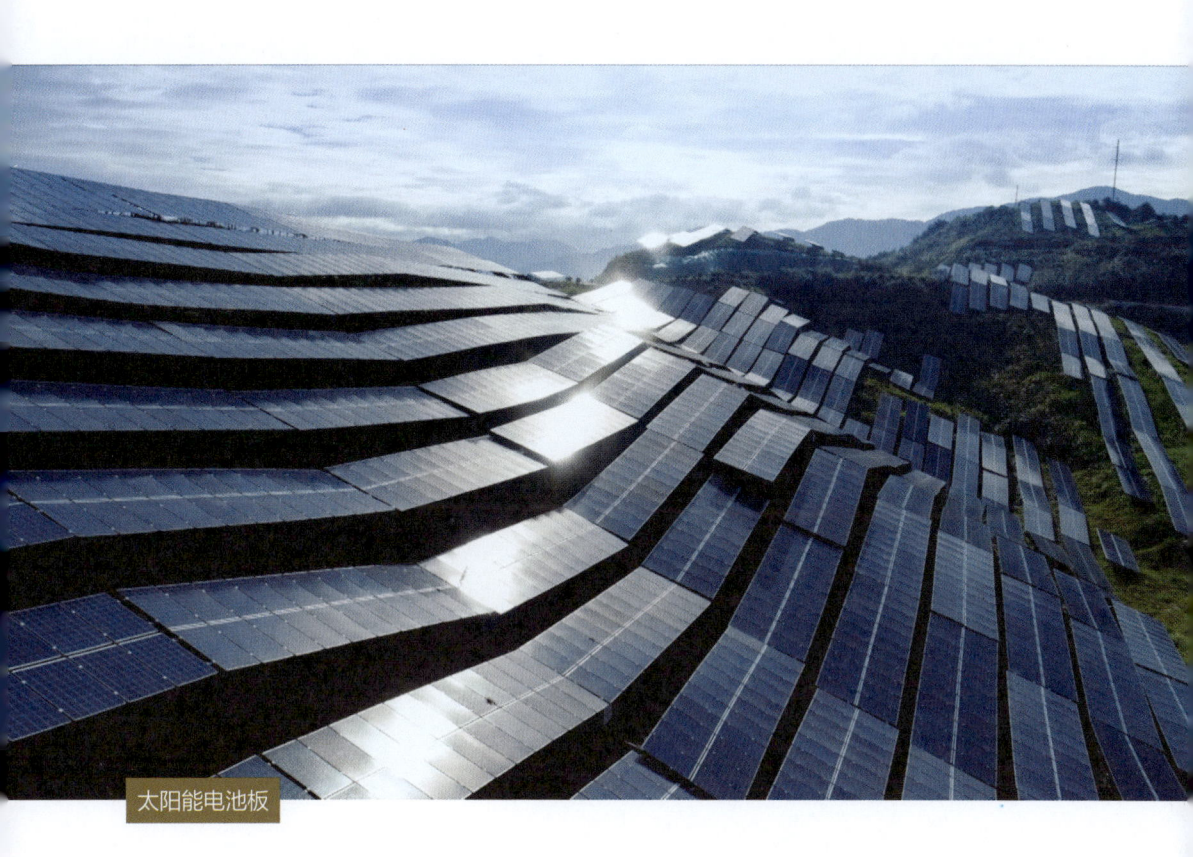

门的密码。

将太阳能转换为电能,源于一场发生于1839年的"错误"试验,当时,年仅19岁的法国科学家贝克雷尔在实验室发现,光中的电流略大于黑暗中的电流,他将这种现象命名为光生伏特效应,简称"光伏效应"。

一束小小的光电流打开了光伏世界的大门。一个发明开启了用太阳"神火"点亮大地的伟大工程,激发了人类在发电材料和光电转换效率上永不止步的探寻之心与触摸高点的动力。

1954年,美国贝尔实验室的专家研制出了第一块晶体硅太阳能电池,获得了4.5%的光电转换效率,从此开启了人类利用太阳能发电的新纪元。

将太阳能转化为电能,需要太阳能电池板、逆变器、控制器和蓄电池这4个组件。其中,太阳能电池板是整个发电系统的核心部分,也是价值最高的部分。

太阳能电池板能否在较大程度上替代传统化石能源，关键在于其能否有效降低成本，提高光电转换效率。

没有了"三头在外"的市场，中国的光伏企业开始蝶变重生，在国家一系列政策的刺激下，开始进入全面自救的光伏暴发期。竞逐的焦点，正是光电转换效率。

通威集团，1982年创立于四川省的一家小企业，拿着500元养鱼起家，后来开始做鱼饲料、猪饲料，于2006年看中了光伏产业，投资生产多晶硅的永祥股份，从当时国内市场"三头在外"的原料上游产品开始，切入太阳能光伏产业。

如今，通威集团已经成为拥有从上游高纯度硅生产、中游高效太阳能电池板和高效组件生产，到终端光伏电站建设与运营业务链的垂直一体化光伏企业，形成了完整的拥有自主知识产权的光伏新能源产业链，并且在全国首创"渔光一体"发展模式，将光伏发电与现代渔业有机融合。

2023年，通威品牌价值达到2013.76亿元，位列"中国500最具价值品牌"的50强，蝉联全球水产和光伏两大行业第一。

中电电气（南京）光伏有限公司（以下简称中电光伏）成立于2004年，是一家全球领先的高效太阳能光伏电池组件制造商。

2012年，中电光伏牵头国家高技术研究发展计划（863计划），正式吹响了我国发射极背面钝化电池（Passivated Emitter and Rear Cell，PERC，属于晶体硅电池的一种）的产业化号角。在这一年，这家公司的组件产能扩展到1吉瓦，并开始布局土耳其工厂，将产业向国外拓展。

2005年，晶澳太阳能有限公司（以下简称晶澳）成立于河北，是一家高性能光伏产品制造商，产业链覆盖硅片、电池、组件及光伏电站。

2013年，晶澳作为国内首家打通PERC产业链的企业，实现了小批量生产，试产效率达到20.3%。

隆基绿能成立于 2000 年，这家企业的创建缘起创始人李振国大学时期的梦想，而企业名中的"隆基"，取自他就读的兰州大学的老校长的名字。这个颇有情怀的创业者持续深耕单晶硅领域，这也恰恰是他大学时期攻读的领域。

2013 年，隆基绿能通过自主研发，引领连续直拉单晶技术革新与产业化应用，实现了当年单晶硅片产销规模全球第一。

2015 年，隆基绿能又在行业内切片环节率先推行规模化和使用金刚线切割工艺，进一步向市场印证了单晶产品的降本优势，每年可以为行业节省硅料 30%。

当然，还有很多其他企业在光伏产业的自救中脱颖而出，带来了中国光伏产业的大暴发。

2017 年，中国光伏产业占据全球 70% 以上的市场份额，规模、产能双双居世界第一。同时，随着单晶硅成本的逐年降低，单晶硅片出货量超过多晶硅片，逐渐成为市场主流。

国内光伏装机容量也呈几何级增长，2005—2015 年，中国光伏装机容量从 68 兆瓦增长到了 16600 兆瓦，十年增长了约 243 倍。

企业追日逐光的每次尝试、每次突破，都向着更高的光电转换效率不断攀升，登上一个又一个高峰。

特别链接

23、报恩的力量，让一家制造企业笼罩着质朴而高尚的光环

一个胸中藏有报效祖国、回报母校、报恩老师的心思的人，在自己的学业上不断钻研，在工作中拥有强大的制造实力，成为一个行业的制造典范，终于让自己梦想成真。给老师、学校、学生，带来源源不断的精神力量，成为一个标杆。

他叫李振国。

他创立的企业隆基绿能中的"隆基"，与他的名字、他所学的专业完

全不相关。"隆基"这个名字内在的力量就是报效、报恩。

以至于人们愿意追溯他的故事，这一切都源于实业。实业赋予他力量，让他梦想成真。

时间回到1986年，李振国考入兰州大学物理系，而凭一己之力重建兰州大学的老校长江隆基，奠定了兰州大学在物理学方面的成功。传承在这一刻延续，新生在老校长江隆基的塑像前参加集体入学教育，被老校长尊重教育和科技的故事所鼓舞、激励。于是，李振国和钟宝申等几名同学约定，以后做企业就取名"隆基"。

1990年毕业后，李振国从事单晶硅棒的生产。2000年，他创办公司，瞄准自己擅长的单晶硅材料领域。从此，他坚守单晶硅行业，不断做大做强，成为光伏产业的领军者，业务额超过一千亿元。

报恩的力量，让当初的梦想成真，让曾经一起上课的同学再次携手，李振国的同学钟宝申也被他挖来共同创业。

多年前埋下的种子，让隆基绿能成长为一家世界级企业。如今，隆基绿能已经成为全球领先的太阳能科技公司，拥有单晶硅片、电池组件、工商业分布式解决方案、绿色能源解决方案、氢能装备五大业务板块。

01　"99.99999999999……%"

"99.99999999999……%"这串乍一看让人眼晕的数字，却是代表着硅材料纯度的关键指标。别小看这串数字，在硅的提纯领域，小数点后面每多一个"9"，难度都呈指数级增大，可不像我们用笔写下一个"9"那样轻松。

为什么非要争多一个"9"或少一个"9"呢？

这是因为小数点后面的"9"越多，代表着硅材料的纯度越高；纯度越高，硅晶体的电子传输速度就越快，太阳能电池的光电转换效率就越高。这也使得各企业竞相为了增加一个小小的"9"而拼尽全力。

硅，化学元素符号 Si，是重要的半导体材料，以至于 IT 行业发达的地方都被冠以"硅谷"之称。芯片里用到的硅，要求在小数点后面至少有 9 个"9"，甚至 11 个"9"、12 个"9"、13 个"9"……目前在实验室里已经研制出了 99.99999999999999% 纯度的硅，在小数点后面有 16 个"9"。

不过，太阳能电池用到的硅材料达到纯度 6 个"9"就可以。当然，"9"越多，电池的光电转换效率就越高。

太阳能电池光伏组件构成图中的电池片指的就是太阳能电池板，也就是硅材料发生作用，把太阳能转换成电能的地方。目前主流的制造太阳能电池板的材料有单晶硅和多晶硅两种。

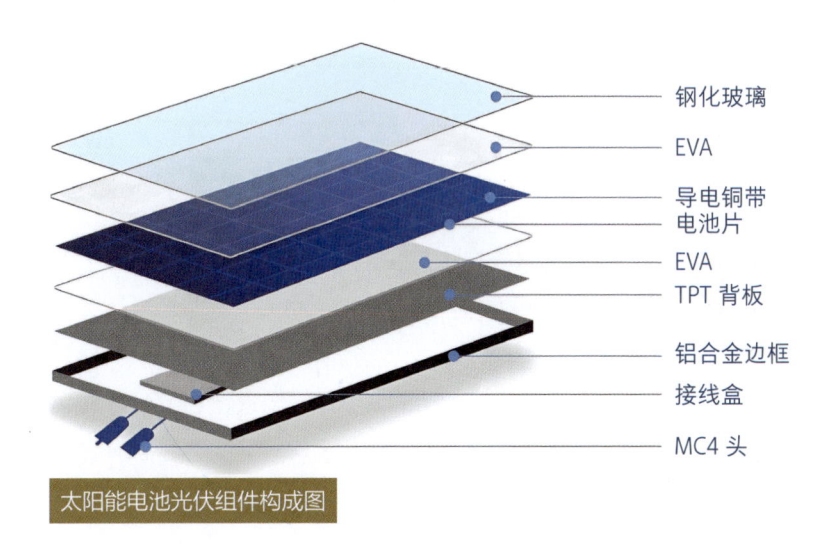

太阳能电池光伏组件构成图

- 钢化玻璃
- EVA
- 导电铜带
- 电池片
- EVA
- TPT 背板
- 铝合金边框
- 接线盒
- MC4 头

通俗来说，单晶硅与多晶硅的区别不仅在于外观，更重要的是它们的硅原子排列结构不同，单晶硅为有序排列，多晶硅为无序排列。这主要是由它们的加工工艺决定的，相应地，也决定了它们的光电转换效率。

在提炼出高纯度多晶硅后，单晶硅和多晶硅就走上了两条不同的工艺路线。

不过，无论是单晶硅还是多晶硅，硅纯度都直接决定着太阳能电池的光电转换效率，当之无愧地成为光伏产业的竞争高地，成为各企业竞相追逐的焦点。

硅是一种极为常见的元素，在地壳中的占比仅次于氧。但是，硅极少以单质的形式在自然界中出现，而是以复杂的硅酸盐或二氧化硅的形式广泛存在于岩石、砂

300 瓦多晶硅　　　　　　　　　　　　　　300 瓦单晶硅

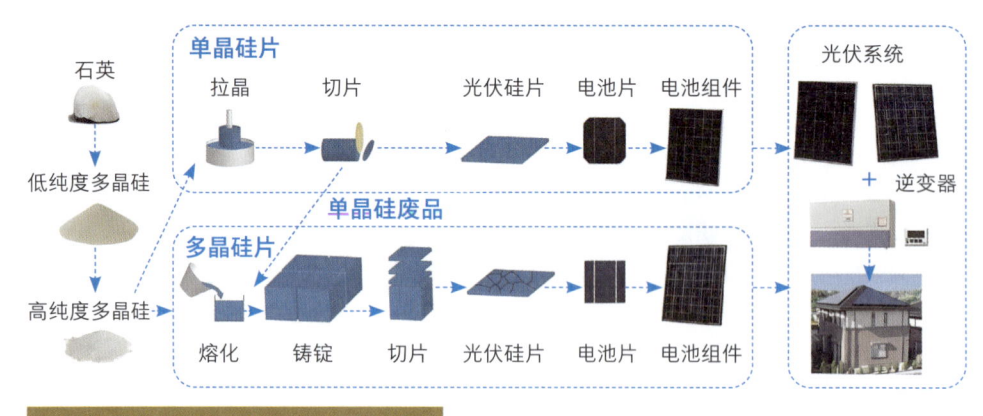

多晶硅太阳能组件与单晶硅太阳能组件

光伏单晶硅片和多晶硅片制备过程的差异

砾、尘土之中，因此要想得到硅，必须想办法进行提纯。

　　将沙子变成硅，人类在这条路上已经走了数十年。直到今天，人们仍在追求纯度更高的硅。

　　下图中数十米高的筒状设备，是提取多晶硅的关键装备——多晶硅精馏塔，它利用不同组分从液体到气体的相变过程，将液体中的杂质分离出来，从而得到高纯度硅。

第六章　电从太阳来

多晶硅精馏塔

对从矿石中提炼出来的硅粉进行处理，可以得到三氯氢硅；三氯氢硅经过精馏，可以提取出高纯度硅。

在车间内布置着数十个高纯度硅还原炉，这里是高纯度硅生长的地方。变身的奥秘就在高纯度硅还原炉里。

在还原反应发生前，硅芯直径只有 10 毫米，被安装在还原炉底部的电极上。

在还原炉内，气态三氯氢硅和高纯度氢气被注入反应炉，经过 100 多个小时、1000～1080 摄氏度的高温"烤"验，反应生成的高纯度硅会在芯棒表面生长起来。

在经过 100 多个小时后，硅棒直径增至 16 厘米，重量增加 125 千克，价值为原来的 100 倍，每炉硅棒的价值都有一百万元之高。

从这里 爱上实业

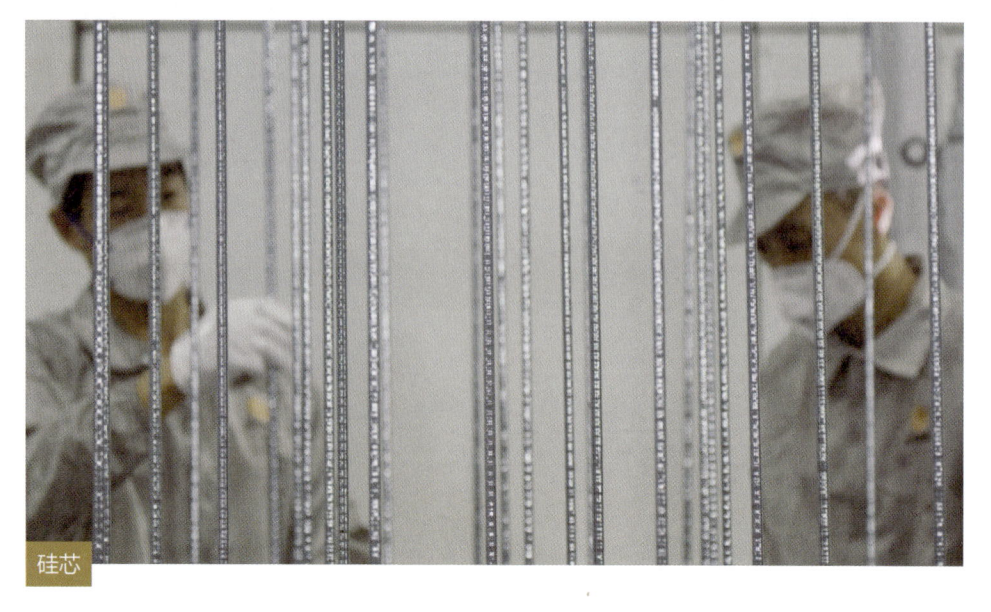

高纯度硅还原炉

硅芯

第六章　电从太阳来

反应完成后的硅棒

在反应完成后，每炉硅棒都要经过纯度检测。为了确保硅棒纯度检测结果精准，对检测中心的洁净度要求极高，粒径极小的粉尘数量需要被控制在每立方米 1000 个以内。

目前，中国生产的多晶硅、单晶硅的纯度都已经能够达到在小数点后面有 11 个"9"，也就是 99.99999999999%。

在小数点后面每增加一个"9"，都会对电池片提升光电转换效率起到重要作用，从而使电池片发更多的电。

今天，中国不仅把多晶硅纯度提高到在小数点后面有 11 个"9"，还在全球太阳能电池板供应链中占据了绝对优势地位。中国在太阳能光伏产业各关键环节中的市场份额都超过 80%，稳坐光伏电池全球第一的宝座。

02 "27.09%"

2022年11月,隆基绿能自主研发的硅异质结电池效率达到26.81%,打破了尘封5年的硅太阳能电池效率世界纪录,这也是光伏产业史上第一次由中国太阳能科技企业创造的硅太阳能电池效率世界纪录。

硅太阳能电池效率达到26.81%

仅约一年之后,2023年12月,隆基绿能以27.09%的电池效率,再次刷新单晶硅太阳能电池效率的世界纪录。

当绝大多数光伏企业盯着多晶硅时,隆基绿能的创始人李振国始终把目光聚焦在当时制造难度大、成本高的单晶硅上。他认为单晶硅是最具潜力、可以把1千瓦时的电的成本降到最低的技术路线,并且他在这一领域不断攻关,终于破茧而出。

2020年,光伏单晶已完全替代多晶,成为市场主导的技术路线,其市场占比超过90%。

03 "33.9%"

2023年,隆基绿能自主研发的晶硅—钙钛矿叠层电池效率取得重大突破,电池效率达到了33.9%,刷新了该项电池技术光电转换效率的世界纪录。这是自2016

晶硅—钙钛矿叠层电池效率达到 33.9%

年有晶硅—钙钛矿叠层电池效率记载以来，第一次由中国企业打破该纪录。

晶硅—钙钛矿叠层电池采用将晶体硅太阳能电池与钙钛矿太阳能电池叠加的结构，通过优势互补和协同作用，实现了光电转换效率的提升。

光电转换效率是评价光伏技术潜力的核心指标。光电转换效率越高，意味着同样面积、吸收同样光的太阳能电池能发出的电越多。

目前，传统晶硅单结电池的光电转换效率已接近 29.4% 的理论极限，未来的提升空间较小，而晶硅—钙钛矿叠层电池的理论光电转换效率极限可达 43%，被视为突破晶硅单结电池光电转换效率极限的主流技术方案。

两种太阳能电池的叠层能够充分利用太阳光谱的各波段，既发挥晶体硅太阳能电池具有较高电子收集效率的优势，又利用钙钛矿太阳能电池较高的光电转换效率，实现强强联手"1 加 1 大于 2"的效果，提高太阳能电池的整体性能。

隆基绿能的首席科学家徐希翔用了一个颇具陕西风味的比喻，来形容两者的叠层：如果说效率已被开发到接近极限的传统晶硅单结电池是一个馒头，那么叠层技术就是在馒头里夹了肉。

33.9% 电池效率世界纪录的创造，意味着我国叠层电池研究已跻身全球领先行列。晶硅—钙钛矿叠层电池技术的出现，为开发下一代高效太阳能电池技术开辟了全新赛道。

装在屋顶的发电玻璃

铜铟镓硒结构示意图

04　　"20.3%"

可以装在屋顶、建筑物外墙等地的发电玻璃最大的优势是，即使在多云或阴天的情况下，这种玻璃也可以敏锐地捕捉微弱的阳光进行发电。

在真空腔体内的玻璃基板

这种玻璃还具有一定的承重性，每块发电玻璃可以托住 3 个成年人，不用担心维修和承压问题。

事实上，这种玻璃发电的秘密隐藏在其组成元素中，它主要由铜、铟、镓、硒 4 种元素组成，这 4 种元素承担着光电转换的重任。因此，从专业角度来讲，这种发电玻璃叫"铜铟镓硒薄膜太阳能电池"，也被称为"第三代太阳能电池"，区别于以前的单晶硅和多晶硅太阳能电池。

2023 年，中国制造的 30 厘米 ×30 厘米铜铟镓硒（CIGS）薄膜太阳能电池组件的光电转换效率已经达到 20.3%，这是一个由中国创造的世界纪录。

铜铟镓硒薄膜太阳能电池发电的原理是当阳光照在其内部一层 3 微米厚的薄膜

溅射在玻璃基板上的元素

上时，薄膜内部就会发生电子运动，进行发电。

既然发电的是一层 3 微米厚的薄膜，那么如何把微米级的薄膜涂布在一块大概一米见方的玻璃基板上呢？

这么薄的膜不可能用刷涂方式进行涂布，而是采用一种溅射方式。技术人员把磁条安装在靶材内，放入真空腔体，通过磁场控制靶材粒子向外溅射。

当玻璃基板匀速向前时，铜、铟、镓三种元素被轰击，以雾化状态溅射，均匀散布在玻璃基板表面。铜、镓靶材的辉光呈淡蓝色，铟靶材的辉光呈紫色，宛如一场微弱而奇妙的烟火盛宴。

在完成镀膜后，还要用微米级的金属刀头把一米见方的玻璃分成百余条大小相同的子电池。在一道道细线之间，是相互独立的铜铟镓硒薄膜太阳能子电池，它们彼此串联，通过调整子电池的宽度，可以实现电压、电流的最佳匹配，从而确保铜铟镓硒薄膜太阳能电池的输出功率最大化。

铜铟镓硒薄膜太阳能子电池

2017 年，国内首条铜铟镓硒薄膜太阳能电池生产线在蚌埠市建成投产，实现了中国铜铟镓硒薄膜太阳能电池"从 0 到 1"的突破，如今，铜铟镓硒薄膜太阳能电池已经实现了超过 20% 的光电转换效率。

这条生产线每年可以生产 300 兆瓦铜铟镓硒薄膜太阳能电池，一年的产量可以安装 200 万平方米的幕墙、屋顶，发电 3.4 亿千瓦时，够 10 万个家庭使用一年。

05　"17.26%"

成都科幻馆这个梦幻的场馆顶部使用的其实是可以发电的玻璃——碲化镉薄膜太阳能电池。这是一种"有光就有电"的玻璃，是光伏发电玻璃的一种。这种发电玻璃在两块玻璃中间夹了一层只有几微米厚的碲化镉发电材料。

成都科幻馆顶部外形

碲化镉是理论上拥有最高光电转换效率的材料之一，1 微米的碲化镉可实现 90% 以上的可见光吸收。因此，它最大的优势是即使在清晨、傍晚、积雪、积灰、雾霾等阳光微弱的条件下，也能够稳定发电，被誉为挂在墙上的"油田"。

在分布式光伏发电系统中，碲化镉是一个非常好的选择，它可以应用于屋顶、窗户、幕墙；也可以应用于公交车、车站、发电椅、天桥、太空舱；还可以应用于阳光房、栏杆、蔬菜大棚等，在它的帮助下，建筑物变成了一个个小型的光伏发电站，实现电能的自给自足或并网发电。由于它有高效、稳定、环保等优点，所以在分布式光伏发电系统中的应用越来越广泛。

作为光伏发电的新星，碲化镉薄膜太阳能电池正融入我们的生活，改变我们的生活方式。

碲化镉薄膜太阳能电池最早在实验室出现是 1982 年，当时的光电转换效率只有 2.1%。

1996 年，一个中国人注意到这项研究的科学价值，认为这种发电玻璃的前景很好，他就是潘锦功。

2007 年，还在美国留学的潘锦功在新泽西理工大学创立了美国第一个碲化镉材料研究中心，率先在国际上开展碲化镉材料特性研究，研究解决半导体材料掺杂、膜面晶体生长等一系列难题。

2011 年，潘锦功学成归国，开始探索碲化镉弱光发电玻璃的规模化生产。当时，大面积碲化镉发电玻璃的研发和产业化在国内外尚属空白。

历经 7 年耕耘，好消息纷至沓来。

2017 年，潘锦功和团队在成都生产出全球第一块大面积（1.92 平方米）碲化镉发电玻璃，实现了碲化镉发电玻璃的"中国智造"。此前，世界最大的单体发电玻璃面积仅为 0.72 平方米。

2018 年，我国首条大面积碲化镉发电玻璃生产线在成都中建材成功投产，这也是世界首条 100 兆瓦大面积碲化镉发电玻璃生产线。这项技术成果共获得 34 项专利，其中 19 项发明专利完全属于我国自主核心技术专利。

2023 年，新一代高效率碲化镉薄膜发电玻璃下线，经国际权威机构认证，光电转换效率达到 17.26%，创造了我国大面积碲化镉薄膜发电玻璃光电转换效率新纪录。

这意味着，一块发电玻璃一年的发电量可以达到 315 千瓦时，十几块这样的发电玻璃就能满足一个家庭的全年用电需求。

目前，碲化镉薄膜太阳能电池是商业化应用最广泛的薄膜组件，在薄膜组件中的占比超过 90%。

它的发电效率高，目前的理论极限转换效率为32%～33%，小面积电池光电转换效率的世界纪录为22.1%，量产的碲化镉薄膜太阳能组件的光电转换效率可以达到19%以上，并且还有较大的提升空间。

潘锦功说过，别人做不到的，我们做到了，这就是"从0到1"的突破；而一个又一个"从0到1"的突破，还在路上。

06　"18.0%"

同属于第三代太阳能电池的钙钛矿太阳能电池，将钙钛矿型的有机金属卤化物半导体作为吸光材料，又称"新概念太阳能电池"。

钙钛矿作为一种人工合成材料，于2009年首次被尝试应用于光伏发电领域，因其性能优异、成本低、商业价值高而大放异彩。近年来，全球顶尖科研机构和大型跨国公司纷纷投入大量人力物力，推动钙钛矿太阳能电池的量产。

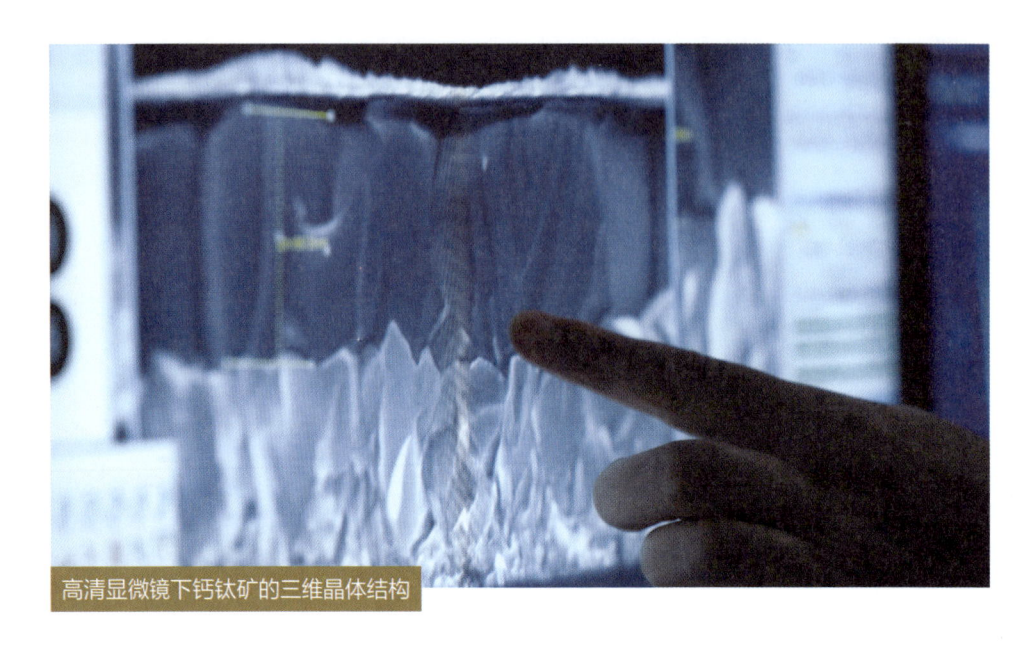

高清显微镜下钙钛矿的三维晶体结构

在高清显微镜下,钙钛矿呈现三维晶体结构,这是目前最炙手可热的太阳能发电新材料。它虽然"年轻",但是仅用 10 年时间,就走完了晶体硅 40 年走过的路,实验室转换效率也从 3.8% 飞速发展到 25% 以上。

业内普遍认为,钙钛矿是最有可能颠覆晶体硅的光伏材料,成为全球太阳能发电领域的竞逐热点。

在生产车间里,碘化铅、碘甲胺等原材料混入特殊溶剂,以每分钟 180 转的转速均匀混合,得到的金黄色液体就是钙钛矿的雏形。

这些液体被均匀涂布在玻璃基板上。

每 10 毫升钙钛矿溶液,可以制出一块长 2 米、宽 1 米的太阳能电池。

显微镜下钙钛矿的结晶过程

上图中如同中国画一般铺展开来的,就是显微镜下钙钛矿的结晶过程。在 40 摄氏度的真空环境下,钙钛矿溶液挥发,粒径为几百纳米的钙钛矿晶体像蜂窝般平铺延展,结构均一。它不仅拥有较高的发电效率,还带来了极致的审美享受。

在涂布完成后,玻璃基板还需要进行三道激光切割,形成间隔 5 毫米的电路。模拟不同的光照条件,钙钛矿太阳能电池的光电转换效率可达 18%。

中国成为世界上率先将钙钛矿太阳能电池推向量产的国家。

第三节
追日逐光的新未来

各家企业使出浑身解数，在降低成本、提高光电转换效率上做文章，光伏产业进入白热化的激烈竞争阶段。

自1983年我国建立第一个村用光伏电站起，星星之火得以燎原，经过40多年的发展，中国光伏产业实现了全球引领。

相关数据显示，最多有超过40万家企业投身光伏相关领域。

成熟的市场意味着激烈的优胜劣汰。同时，我国也面临着国际上的打压。2011年和2012年，中国出口的光伏组件先后遭遇了美国和欧盟的"双反"（反倾销＋反补贴）调查，逼迫中国企业不得不退出美国和欧洲市场，随后中国企业回到国内，并迅速在国内发展起来，还进一步开拓了东南亚市场。

2021年，光伏发电财政补贴取消，进入光伏发电平价时代。这背后是技术的升级、成本的降低。

10年前，生产1瓦组件需要消耗1.2千瓦时电量；如今，只需要0.4千瓦时就可以完成，这是巨大的科技进步。

从硅材料到光伏组件，1瓦组件的直接能耗约为0.4千瓦时，而1瓦组件在其30年的全生命周期内的发电量约为45千瓦时。光伏组件最终产生的能源效益是其生产消耗的100多倍，具有很强的能源放大能力。

2022年，中国光伏产业进入万亿赛道，年产值超过1.4万亿元。

据中国光伏行业协会统计，2014—2022年，中国企业、研究机构在晶体硅电池的实验室转换效率上，共打破世界纪录56次；2022年，刷新效率纪录22次。

在全球变暖的大背景下，中国确定的"双碳"目标是：2030年前实现碳达峰、2060年前实现碳中和。实现"双碳"目标，清洁的绿色能源是重要手段。

中国的近期目标是：到2025年，非化石能源消费占一次能源消费的20%左右。有预测称，到2050年，化石能源在国家能源体系中的占比将超过一半。其中，光伏发电在能源消费中的占比将达到40%，成为我国第一大电力来源。未来，光伏发电占比将进一步提高。

从国内市场来看，与40年前的千瓦级发电站相比，如今的发电站都以兆瓦计（1兆瓦=1000千瓦）。2023年年底，并网太阳能发电装机规模已经达到6.1亿千瓦，总装机容量位居可再生能源的首位。

此外，光伏发电的应用极其广泛，上至航天器，下至家用电源；大到兆瓦级发电站，小到玩具，光伏电源无处不在，已经不是起步时期满足村用的小电站了。

2023年，我国光伏装机规模连续10年达到世界第一，新增装机容量连续8年达到世界第一，拥有完整的光伏产业链。

我国硅料、硅片、光伏组件等的产量、产能连续多年保持世界第一水平，全球第一光伏大国的地位全面夯实。

在世界十大硅料生产商中，我国有协鑫科技控股有限公司、通威集团、新特能源股份有限公司、新疆大全新能源股份有限公司、东方希望集团、亚洲硅业（青海）股份有限公司和内蒙古东立光伏股份有限公司7家上榜。在全球十大光伏组件制造商中，隆基绿能、天合光能股份有限公司、晶澳太阳能科技股份有限公司、晶科能源控股有限公司、阿特斯阳光电力集团股份有限公司和东方日升新能源股份有限公司牢牢锁定前六，无锡尚德和浙江正泰新能源开发有限公司也进入前十榜单。

从世界范围来看，光伏已经发展成为全球绝大多数国家和地区最经济的电力能源，也是全球在共同面对"碳中和"时，实现能源转型的支撑性力量。未来，在技术的进一步推动下，"太阳能制造太阳能"的绿色能源理念有望成为现实。

国际能源署认为，2050年，可再生能源电力将占全球总电力的85%，其中太阳能电力将占1/3。

2023年，光伏产品、电动汽车和锂电池成为中国出口产品的"新三样"，合计出口1.06万亿元，首次突破一万亿元大关，增长了29.9%。

中国在光伏主要生产环节的产能在全球的占比超过80%，已经成为全球光伏产业的领头羊，打造了一张闪亮的"中国名片"，在全球能源转型和可持续发展中彰显了中国力量。

在全球光伏供应链体系中，硅片几乎都来自中国市场，目前全球太阳能电池工厂销售和使用的硅片有97%来自中国。

美国太阳能一直高度依赖进口，美国国内光伏制造商的产能无法满足需求，其中85%以上的进口太阳能电池板都来自东南亚，而这个地区的光伏供应链体系也由中国光伏企业占主导地位。

这也是为何2022年美国商务部启动了对东南亚光伏产业的调查，目标其实是调查来自中国的太阳能电池板和组件。然而，美国不到1个月就取消了调查，并给予了关税豁免。

太阳能电池硅材料迭代升级，纯度不断提升，间接支持了芯片行业的发展，因为半导体用的硅和太阳能电池用的硅，是同一个"Si"。

2006年以前，我国多晶硅严重依赖进口，年产量不足100吨，仅用于半导体行业。

2023年，我国工业硅产量约为380万吨。

不仅在产量上有了较大增长，在纯度上，更是有了前所未有的提升，据了解，目前，中国已经研制出了在小数点后面有11个"9"的硅料，也就是纯度为99.999999999%。

当然，随着技术的迭代升级，新"玩家"蜂拥而至——有超过40万家企业挤在光伏产业这条赛道上。

市场"魔咒"又出现了，那就是在产能狂飙后，过剩的危机再现，导致 2023 年产业链价格"狂泻不止"，多晶硅、硅片、电池片、组件价格降幅分别达 66%、49%、55%、48%。

"祸兮，福之所倚；福兮，祸之所伏。"这句话出自《老子》，包含着古老中国的哲学智慧，从光伏的发展历史可见其踪迹。很难说在今天的产能过剩中，是不是蕴含着下一个正在向中国招手的机会。

从硅基到第三代太阳能电池，中国从跟随到领跑，如今走在世界前列。面对不可预知的未来，面对可能出现的新情况，有了更强竞争力、有了更多话语权的中国，回旋余地会更大，腾挪空间也会更大。

让我们拭目以待！

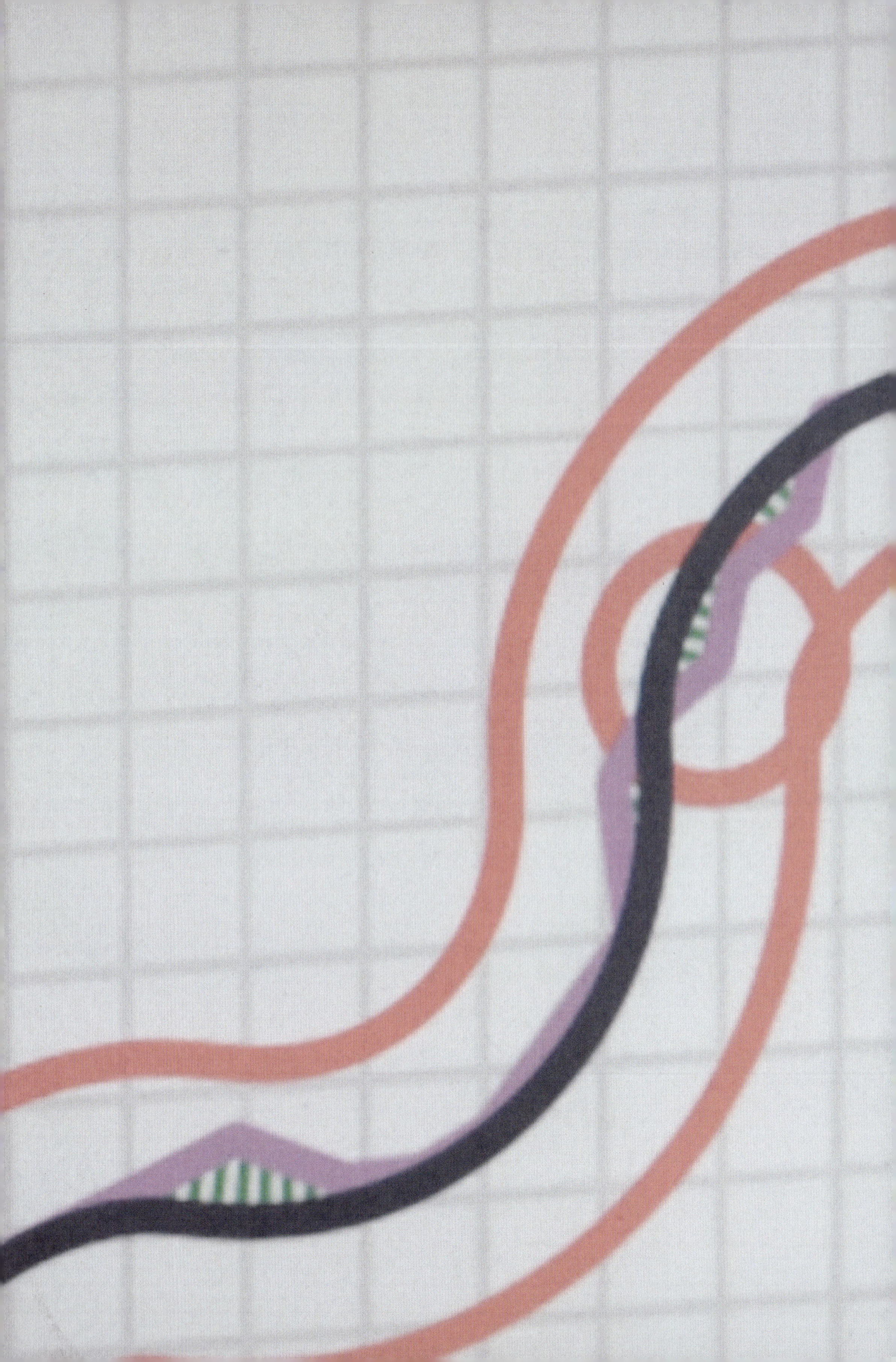

从这里 爱上实业

Chapter Seven
第七章

"减"字难伺候

快起来是实力，慢下来是灵魂

在现代制造业的生产线上，已经有很多机械手充当主力，如汽车和火箭的精准焊接、晶圆和芯片的精确搬运，以及重物的平滑移动等，粗看觉得眼花缭乱，细看发现井井有条。总体来说，中国生产线上的精密制造技术已经炉火纯青。

机械手有个关键部件叫减速器，它是把运动速度在快和慢之间平滑转换的核心角色，机械手的工作速度很快，但在开始和结束时必须轻拿轻放，保证动作稳准平顺。机器运行靠动力，快起来不难，慢下来也容易，但要实现快与慢的自如转换，还要保证每次动作都一模一样，就非常难了。在这个意义上，快是实力，慢是灵魂，关键是减速器，中国制造经过多年努力，追上了世界先进水平，但还不能敞开供应。

简单来说，减速器的作用就是降低旋转速度，但具体到产业工况中就非常复杂了。减速器是工业机器人的关键核心部件，是技术壁垒最高的一环。在工业机器人的成本中，减速器约占35%，还有用于伺服减速器的伺服系统，其成本约占20%。工业机器人的可靠性关键就在于这两个核心部件，它们也是核心硬件。

目前，世界上主流的减速器有两类，一类是RV减速器，另一类是谐波齿轮减速器。RV减速器主要适用于高精度的重载机器人，是大关节部件；谐波齿轮减速器主要用于小关节，如小臂、腕部和手部等。

也就是说，通常做重活时要用RV减速器，做精细小活时要用谐波齿轮减速器。

第一节
让机器人"舞动"起来的关节

目前,全球约 1/3 的工业机器人应用于汽车厂。机器人像"武林高手"一样,腰马合一,强悍的"臂膀"有力且柔韧,可以抓取超过 200 千克的重物。包括上料、焊接等流程,它都可以轻松应对,就像关公举着 40 多千克的青龙偃月刀,舞得出神入化,不仅有"牛"力,还能用这把大刀绣出"花"。

让机器人舞动起来的关键在于连接处,也就是减速器工作的位置。它们相当于人的肘、膝、踝等负责传动、启停的关节。

从数量上看,中国的汽车年产量排在世界第一,占全球的 30% 以上。不过,在全国 120 多家汽车厂里,90% 以上的机器人都是从国外进口的。中国能够生产工业机器人的企业有数百家,而能够批量生产 100 千克以上大负载机器人的企业不超过 10 家。机器人产业要想达到国际一流水准,存在不小的挑战。

生产工业机器人最重要的是机器人关节的灵巧。实现灵巧的核心部件就是减速器,它是一个让机器人能"舞动"起来的关键部件。

从这里 爱上实业

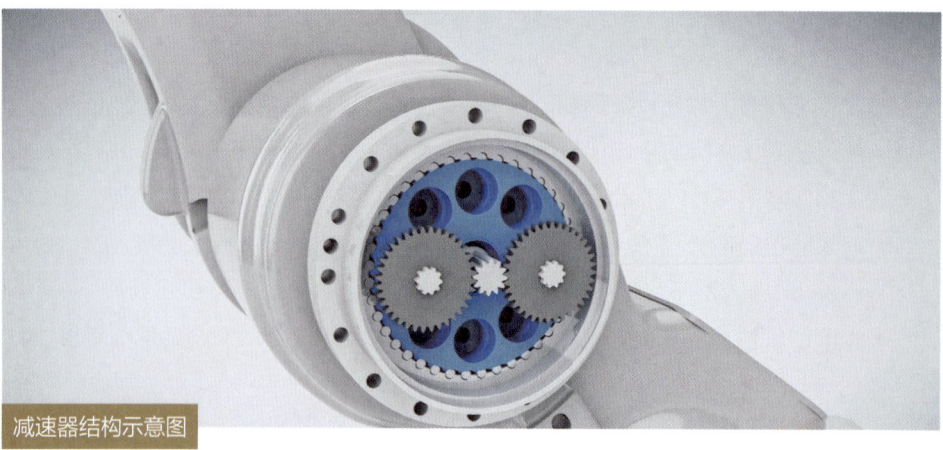

工业机器人汽车生产线

减速器结构示意图

工业机器人有三大核心部件：一是"大脑"——控制器；二是"心脏"——伺服系统；三是"关节"——减速器，在机器人的"肘部""膝部""腰部"等连接部位应用。三大核心部件的性能与稳定性在很大程度上决定了工业机器人的性能与稳定性。

工业机器人的三大核心部件（控制器、伺服系统、减速器）决定了工业机器人的精度、稳定性、负荷能力等重要性能指标。这三大核心部件也是机器人产业链中壁垒最高的部分，这些部件的成本占机器人总成本的70%。其中，减速器的成本占比最高。

对于RV减速器来说，它的成本在机器人总成本中的占比达到40%。这个部件也曾是我国机器人产业的"卡脖子"部件。

机器人关节位置示意图

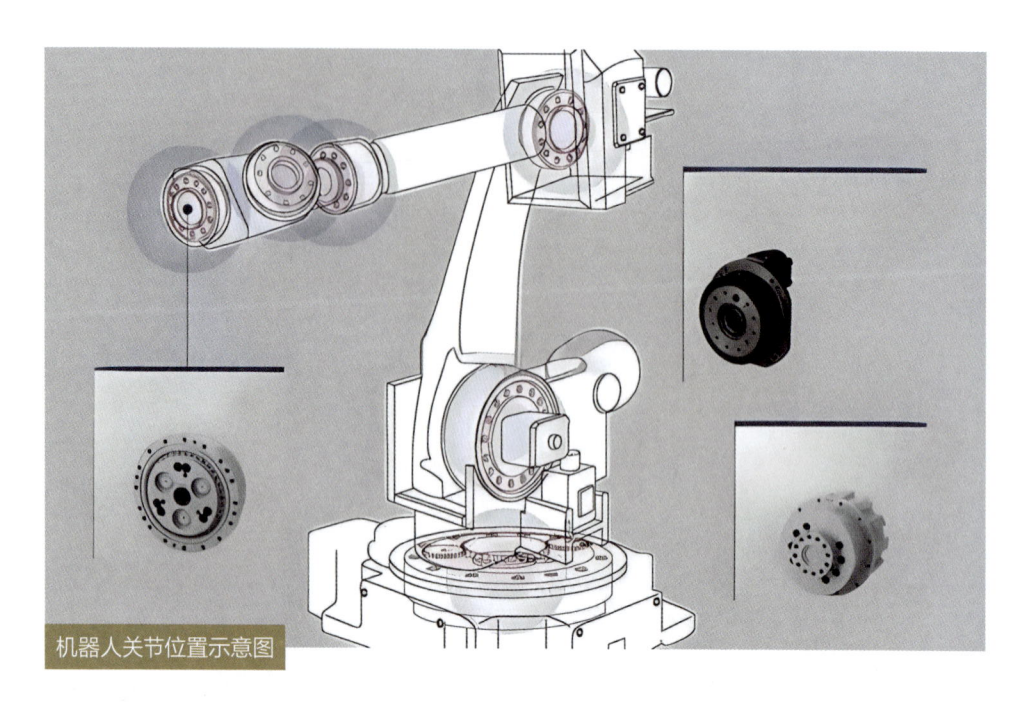

从世界范围来看，最早发明RV减速器的日本雄踞行业龙头长达近30年。仅日本纳博特斯克株式会社一家，就垄断了全球70%以上的减速器市场。虽然这家公司名气不大，但它却是一个拥有近百年历史的"隐形冠军"。这家公司以生产汽车变速箱起家，在转而研发减速器之后，相关技术、专利层出不穷。这些技术和专利被这家公司牢牢握在手中。

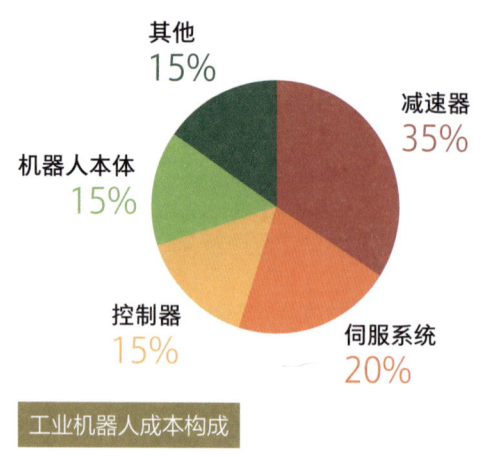

其他 15%
减速器 35%
机器人本体 15%
控制器 15%
伺服系统 20%

工业机器人成本构成

国际上，大负载机器人的定位精度可以达到0.06毫米，约为一根头发的直径。这自然对机器人的关节提出了更高要求。

RV减速器的研发门槛极高，对可靠性、精度、使用寿命的要求极为严苛。它的研发难度在工业机器人所有核心部件中排在第一位，因此国产RV减速器暂时无法替代日本企业的前沿产品。打破垄断成为国内制造业拼尽全力突破的头号难题。

业内人员还给它取了个绰号"成本死循环",这个难题如达摩克利斯之剑一样,悬在头顶。

特别链接

24、"减"的功夫在哪里

"减"有多难?难在哪里?

先来了解一下减速器的"减"用在什么地方,"减"让机械动作由快到慢,还要确保柔滑,正在进行的可能是一场手术中的关键动作,可能是在搬运精密的芯片,也可能是在做精准的切割……这一切,都需要平稳、顺滑,还要确保始终如一,每次都得是同样的感觉。

即使小心翼翼,人也难以做到。

"减速器"却可以完美实现这个目标,这正是减速器的魅力。减速器之所以叫减速器,就在于它能够降低速度、增大转矩。

减速器随着工业革命的发生而发展起来,被应用于各种机械设备中,从纺织与印刷机械,到汽车传动系统,再到重型机械、化工设备、船舶设备等,如今,"减"可以做到更加智能、精准、平稳。

在汽车领域,减速变速应平顺安全,让驾乘人员感觉不到顿挫。

在轨道交通领域,减速器使驾乘人员在运行过程中感受不到加速和减速的变化。

在智能制造领域,机器人的关节应比人的关节灵活,能够实现精准控制和稳定运动,如越来越受重视的医疗机器人,只有确保精准、平顺,人类才敢放手把重要手术中的工作交给机器人完成。

减速器对转速、扭矩的高效、稳定、精准控制,使它从诞生起就被"重用",在工业生产、交通运输、建筑工程、航空航天、智能制造等不同的领域,发挥着越来越重要的作用,未来将朝着更高性能、高精度、高可靠性及更加智能化和自动化的方向迈进。

从这里 爱上实业

第二节
打造一个"太阳系"

作为追赶者,购买之路不可持续,中国企业必须奋起直追,掌握主动权。为了"执剑在手",中国的研发团队开始了艰难的攻关。

2015年,一位教授向这一行业发起了挑战,他就是北京工业大学的张跃明教授,这次研究的方向就是高端RV减速器。

在多年的工作中,张跃明教授发现,中国工业机器人的年产量约为36万台,居世界第一。但是,与这一产量数据不匹配的是,机器人的"关节"主要依赖进口,而日本企业出售给西方国家的RV减速器价格仅为出售给中国的价格的一半甚至更低,并且中国的厂商还要等待3～6个月才能拿到货。这种痛,恐怕只有业内人士感受最深。

张跃明教授决定把自己多年的理论学习和教学经验用于实际研发。虽然他在课堂上讲了十几年的机械设计、减速器原理,但要把理论变成产品,并不容易。

RV减速器拆解示意图

拆开 RV 减速器就会发现，它的构造非常奇妙。它就像太阳系，既有太阳轮，也有行星轮。与行星既要绕着太阳转也要自转一样，这里的行星轮，就像围绕太阳旋转的行星，既有自转也有公转，在自转一圈的同时要公转 40 圈。这样的行星轮不只有一组，多组行星轮通过运动实现精密传动，把电机的转动速度降下来，同时增大转矩，驱动机器人手臂旋转。

要想设计、生产如此复杂的"太阳系"，难度可想而知。

经过一千多个日夜的理论研究及计算，2018 年，研发团队通过正向设计，终于制造出了 RV 减速器的第一批原型样机。所谓"正向设计"，就是不以仿制为手段的一种设计方式，实现的难度更大。

然而，第一批原型样机在进行测试时，出现了有严重磨损、精度无法保持等问题。

此时，合作方已经在厂房、设备上投入了数亿元，招好了工人，就等投产了。

RV 减速器的行星轮

攀登高峰的道路，通常是曲折的。

产生严重磨损的问题出在了哪里？研发团队把目光锁定在行星轮上，这是 RV 减速器的核心部件。行星轮的外缘有 39 个齿，每个齿的廓线形状必须保持一致，稍有误差就会影响整个 RV 减速器的传动精度。

行星轮的廓线

既然是在正向设计指导下的研发，那就重新求解，设计出行星轮最佳的廓线。进行一次次计算，一次次修改数据，再一次次加工成样品，最终完成检测和验证。

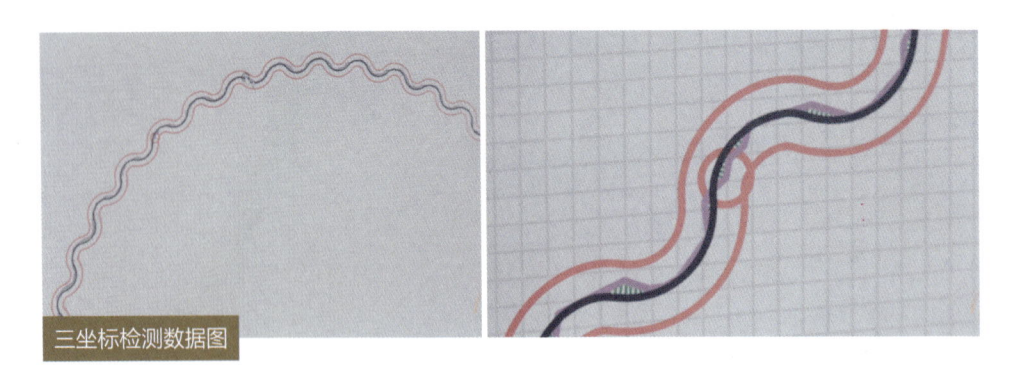

三坐标检测数据图

每个样品都需要经过三坐标检测,三坐标测量机的指针依次经过39个齿的轨迹,数据就会显示在图上,以此来检测行星轮的廓线误差。在三坐标检测数据图中,中间的黑色曲线是设计要求达到的理论廓线,紫色曲线表示行星轮的实际廓线,实际廓线只有在两条红色曲线之间才合格。

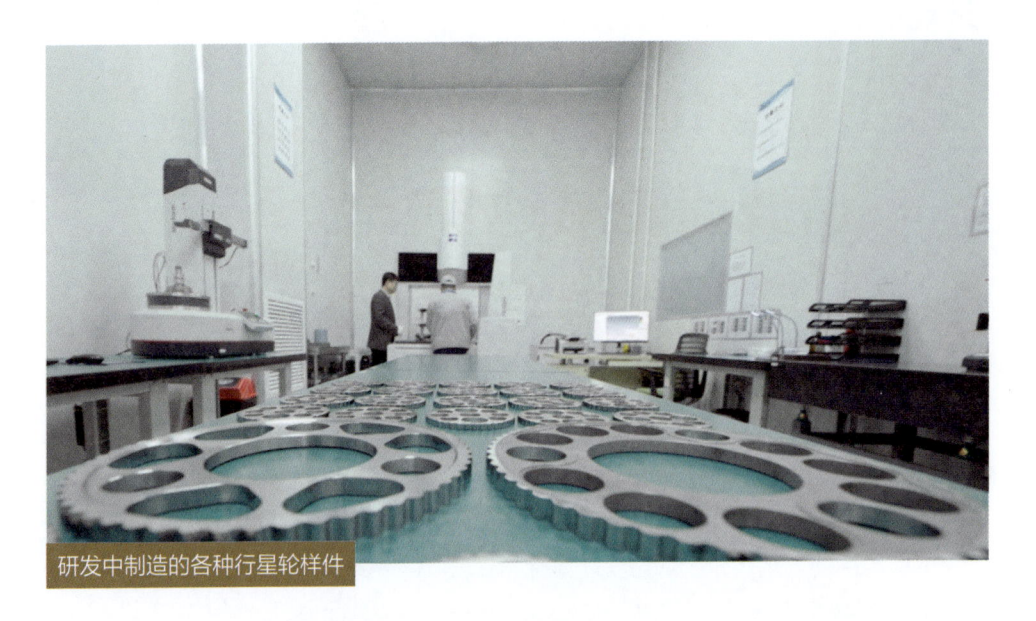

研发中制造的各种行星轮样件

最终,经过数万次反复优化,张跃明教授和研发团队形成了一套独特的行星轮修形设计方法,将39个齿的廓线误差控制在4微米以内。

在经过三坐标检测后,还需要将减速器安装在测试机械臂上,在经过10万次测试后,查看最终结果。这次的改进,让RV减速器的精度可以保持在0.3弧分,彻底解决了RV减速器磨损严重的问题。精度、刚性、使用寿命等指标都达到或超过了日本企业的水平,打破了日本企业近30年的垄断。

张跃明教授和研发团队研发的RV减速器最终进入生产线并顺利投产,实现年产8万套RV减速器,品质也跻身世界顶尖水平。

中国距离解锁RV减速器"成本死循环"又近了一步。

第三节
RV减速器的"亲兄弟"
——谐波齿轮减速器

在减速器行业中,最常见的两类就是RV减速器和谐波齿轮减速器。这"两兄弟"的工作原理不同,各有优缺点,各自的"地盘"也划分得清清楚楚。

RV减速器利用齿轮的啮合实现减速。

谐波齿轮减速器则是一种利用谐波传动原理实现减速的装置。

RV减速器具有体积小、抗冲击性强、扭矩大、定位精度高、振动小、减速比高等优点。

谐波齿轮减速器具有传动比大、传动效率高、体积小、重量轻等优点。但相较于RV减速机,其噪声和振动较大。

它们的优缺点也决定了两种减速器的应用场景。对于一些需要大传动比和高传动效率的应用场景,如工业机器人、机械手,尤其是大负载机器人等大关节部件,RV减速机是一个不错的选择;而对于一些需要体积小、重量轻且对噪声和振动要求不高的应用场景,如服务机器人、医疗设备等,谐波齿轮减速器则更为适用。

谐波齿轮减速器对精度的要求较高,对负载的要求相对较低。因此,在机器人需要进行精确控制的部位,如小臂、腕部和手部等,谐波齿轮减速器的应用逐渐增多。

人形机器人

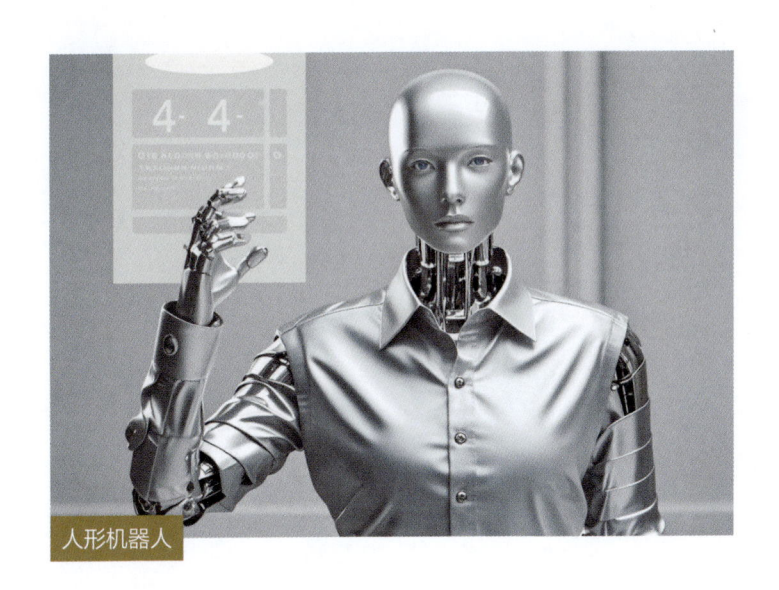

尤其是随着人形机器人的开发利用，减速器作为人形机器人的关键元件，起着连接动力源和执行机构的桥梁作用，它的性能决定了机器人的运动性能。例如，特斯拉就在它的人形机器人中采用了谐波齿轮减速器，将其作为旋转关节的核心组件，以增强人形机器人的运动控制和精度表现。这种设计方案使得人形机器人的动作更加流畅、精确，在机器人技术的未来发展中设定了更高的标准。

谐波齿轮减速器主要由三大部件组成：波发生器、柔轮、刚轮。这种简单的三元件结构与独特的工作原理相结合，可在非常紧凑和轻便的外壳中实现极高的减速比。

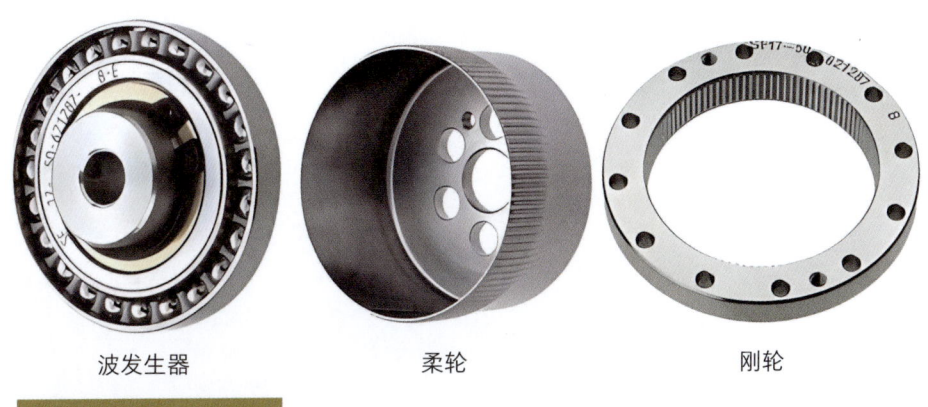

波发生器　　　　　柔轮　　　　　刚轮

谐波齿轮减速器三大部件

谐波齿轮减速器的运动过程

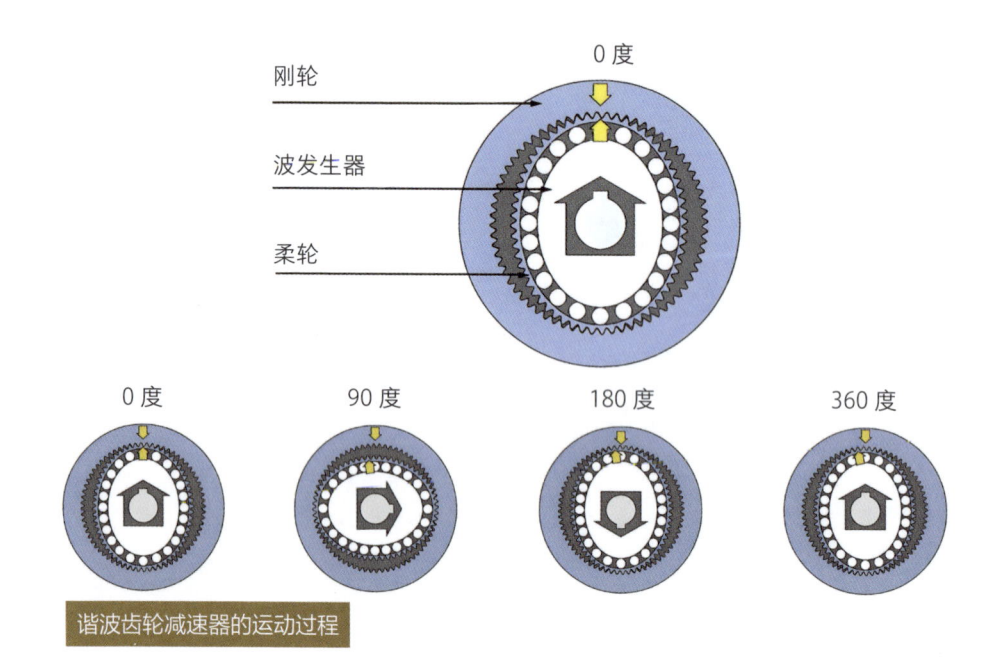

　　一般来说，柔轮的直径略小，齿比钢轮少两个。波发生器是椭圆形的，使得柔轮的齿在椭圆长轴上的两个相对区域与刚轮啮合。波发生器每顺时针旋转 180 度，柔轮就相对刚轮逆时针移动一个齿。波发生器的每次顺时针旋转，都会导致柔轮相对刚轮逆时针移动两个齿。谐波齿轮减速器就是利用这种"错位"齿轮旋转实现减速的。

　　要想得到不同的减速比，还可以通过改变齿数来实现。

　　别看减速器很小，不起眼，它却很有来头。谐波齿轮减速器诞生于 20 世纪 40 年代，是随空间科学技术的发展而出现的一种全新传动形式。

　　谐波齿轮减速器先在苏联、美国等工业发达国家推广起来。后来引入日本，在日本实现了实用化，并加以推广。

　　日本的哈默纳科、新宝等企业，在谐波齿轮减速器市场上拥有绝对的优势地位。

　　20 世纪 60 年代，我国逐渐开展谐波传动方面的研究工作。虽然目前国内谐波齿轮减速器的专业生产厂家很少，但也已经有了一定的生产制造能力、研发实力，在谐波齿轮减速器市场上拥有了一席之地。

　　苏州绿的谐波传动科技股份有限公司（以下简称绿的公司）生产的谐波齿轮减

速器，实现了 10 弧秒以内的传动精度，达到全球最高水平，有些类型的谐波齿轮减速器可以达到 2 万个小时的超长寿命，并能保持精度，在精度方面同样达到了全球最高水平，占据了国内市场的 80%。

绿的公司还带动一系列企业入驻苏州市，它所在的千年古镇——木渎镇，已经吸引了高新技术企业超过 100 家。这里的村民每年制造谐波齿轮减速器约 50 万台，在全国占有绝对的优势地位。

如今，中国企业也具备了与国际一流公司一较高下的实力，不仅在国内市场中具有竞争力，还把产品出口到美国、日本、俄罗斯等国家，并成为瑞士 ABB 集团和美国 GE 等国际知名企业的零件供货商。

国外企业为了在中国争取到更多谐波齿轮减速器的市场份额，不得不大幅降价。以前卖给中国的谐波齿轮减速器价格约为每个 1 万元，目前降价了 30%～40%，这就是实现技术攻关和量产给本土市场带来的可观利益。

目前，谐波齿轮减速器已经广泛应用于机器人、精密加工设备、航空航天、雷达设备、医疗设备等领域。

近年来，全球机器人产业方兴未艾，尤其是人形机器人、医疗机器人等服务型机器人，未来的需求空间无限大，市场会更青睐这种在紧凑轻便的结构中拥有高减速比的、"小身材大能量"的谐波齿轮减速器。

相关研究人员预测：2025 年，全球谐波齿轮减速器的市场规模将达到 130 亿元，中国谐波齿轮减速器的市场规模将达到 41 亿元。

第四节
磨出更圆润的"牙齿"

在一个产业中，要想做出金字塔顶端的代表性产品，必须有雄厚的产业根基和完备的产业链。

仍然以行星轮为例，要将39个齿的廓线误差控制在4微米以内，就离不开能够加工制造它的高精密磨齿机床。

磨齿机床是制造和修整齿轮的专用机床设备，而先进的数控磨齿机床更是制造高精度齿轮的核心设备。磨齿机床能够高效地生产不同种类的齿轮和蜗杆，是医疗设备、机床制造和精密仪器仪表等行业不可或缺的关键设备。

在全球磨齿机床界的"十大天王"供应商中，德国有5家，瑞士有4家，日本有1家。

生产制造高精度的减速器对磨齿机床的要求非常高，如对机械结构的精度、磨削工具和磨削技术、全过程的热变形控制、磨削过程的监控、刀具的质量、材料的选择等都有严格要求。

当前，全球也只有Reishauer莱斯豪尔（瑞士，成立于1788年）、Klingelnberg克林贝格（德国，成立于1863年）、Gleason格里森（美国，成立于1865年）、KAPP NILES卡帕耐尔斯（德国，成立于1893年）、Liebherr利勃海尔（德国，成立于1949年）等寥寥几家企业能够生产达到DIN4级精度标准的齿轮设备。DIN是德国对齿轮精度的等级标准，从1到12，数字越大，级别越低。

在磨齿机床这个国际比武擂台上，"顶尖高手"都是身经百年历练而成的。

以瑞士的莱斯豪尔来说，这家企业成立于1788年，当时的中国正值清朝乾隆年间，而当莱斯豪尔转型做磨齿加工时，已经到了19世纪末期。

当时，工业技术迅速发展，德国、瑞士等国家在机械工程、金属加工和精密制造领域，更是独领风骚。精密的齿轮制造技术为铁路、船舶、采矿、武器、时钟、手表等的发展提供了重要支撑。长达100多年发展之路，使德国和瑞士至今仍是磨齿机床制造领域的中心。

一台高精度磨齿机床的售价高达数百万美元。

中国的机器人产业后发起步，总有人甘于寂寞、默默耕耘，一路奋起直追，筑梦中国制造向"中国智造"的华丽转变。

秦川机床工具集团股份公司（以下简称秦川机床）的工程师们攻克了双主轴无缝衔接、协同工作的难题，填补了国内这项技术的空白，跻身世界少数能够制造双主轴磨齿机床的企业行列。

如今，秦川机床研发的磨齿机床的砂轮转速提高到了每分钟10000转，这相当于磨削一个齿轮只需要40秒。

同时，这台机床还实现了进一步智能化，拥有了让自己能听得见的"耳朵"，即声发射传感器。它能够感知砂轮与工件接触时发出的高频声呐信号，就像海豚依靠声音在水中的回波寻找同伴一样，如果声发射接收器收到这个信号，系统就会记住砂轮接触工件时工件轴的位置，把数据实时传给机床的"大脑"，也就是控制系统，"大脑"会根据设定好的程序，迅速计算并进行智能修正，均匀磨削。

秦川机床用自己研制的磨齿机床，建立了自己的减速器生产线，每天可批量生产用于5～800千克机器人的减速器，加工的齿轮的齿形与标准齿形的误差只有1.5微米，约是一根头发直径的1/40，达到国际先进水平。

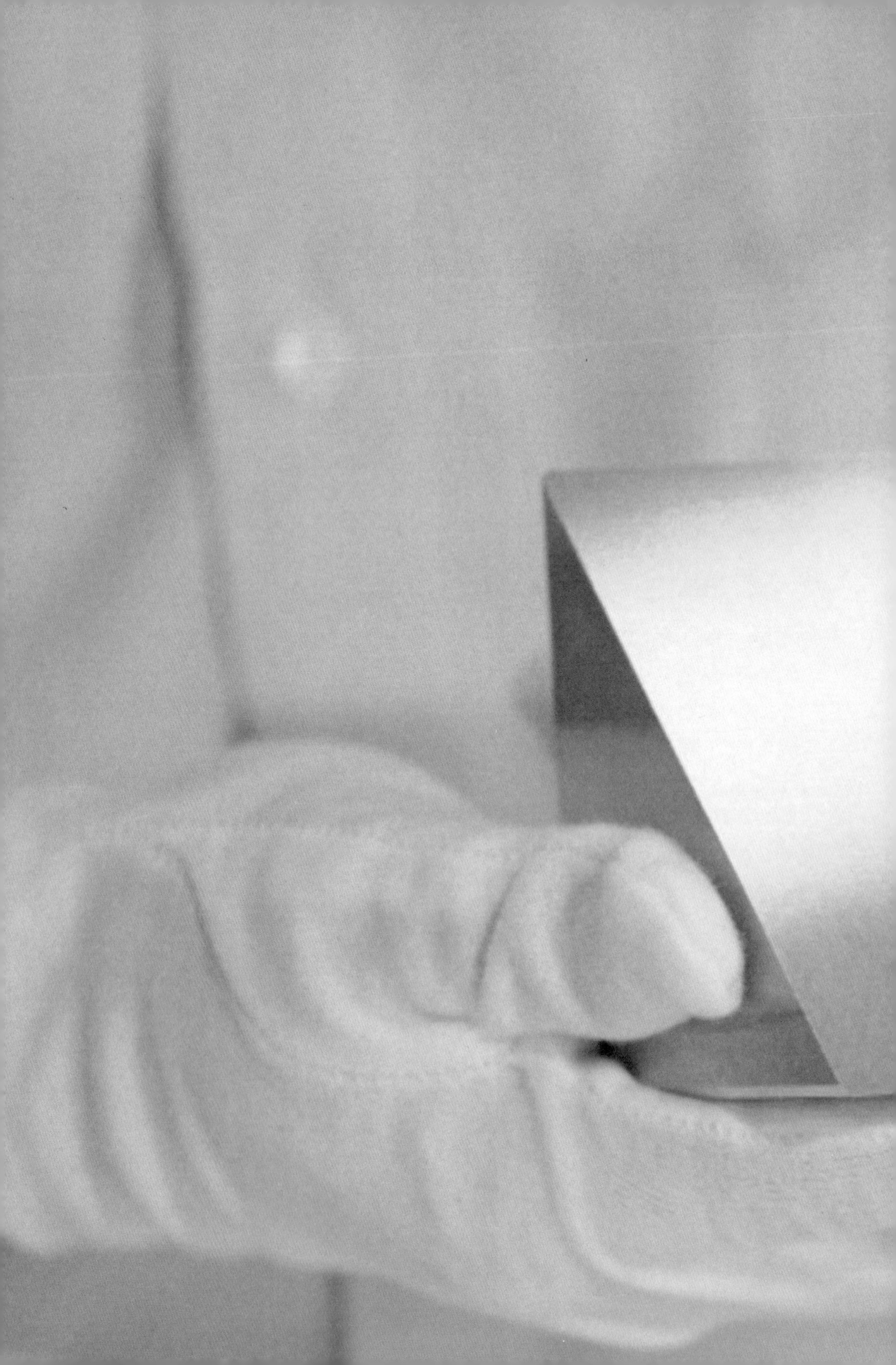

从这里 爱上实业

Chapter Eight
第八章

梦系数控机床

高手身影

"增之一分则嫌长,减之一分则嫌短,素之一忽则嫌白,黛之一忽则嫌黑。"这是现代诗人创作的一篇散文,其中的艺术化描写恰如其分、出神入化、极致准确。这里的一忽是一个单位概念,一忽是一毫的 1/1000,相当于微米级。但如今数控机床加工精度已经到了纳米级,与微米级相差 1000 倍。

如果将一块不锈钢从中切开,不仔细看,根本看不到缝隙,但其实它里面是复杂而圆润的齿轮,是由数控机床一次性完成的,通常是五轴或四轴数控机床的杰作。整个工件看起来光滑柔顺、精巧细致,这来自数控机床最基础的功夫,展现出了天衣无缝的神奇、令人折服的高手身影。数控机床厂家一般会准备这样的加工样品来展示自己的实力,人们一看实物就会赞叹不已。

20年前，有报道指出，一个记者在一个大型工厂中第一次看到了传说中的进口数控机床，它由意大利生产，可以使零件加工精度达到微米（μm）级，毫米级的千分之一。但是这个机床的使用被严格限制，能加工什么，不能加工什么，都要事先约定，机床摆放的位置也不能随意变化。可我国生产高精尖的火箭、飞机、精密仪器和精密机床都需要用到这些数控机床，在这方面受制于人，自然令人意难平。

在大国的竞争中，数控机床是一处要害，高端数控机床体现了一个国家的核心制造能力，直接决定着一个国家的工业能力和发展水平，它的加工精度、速度和可靠性直接决定了我们能够制造什么和如何制造，体现了一个国家工业能够达到的高度。正因如此，数控机床这个"武林高手"在各国制造实力比拼决战中的地位非同小可。

一方面，技术本身存在壁垒，等级森严，看似"傻大黑粗"的家伙却要干精度为微米级的"绣花活"，虽然切削的误差只有几微米，但这几微米在技术森严的世界法则面前，就是一道高高的门槛。跨过去就进入高端数控机床的高级俱乐部，跨不过去就只能沦为普通的加工工具。

高端数控机床是集车、刨、钻、磨、镗等功能于一体的机器，它具有高度自动化、高速运行、大规模生产、精确控制、多功能等优点。它在面对重复性、危险性、高精度加工任务时更是得心应手、游刃有余，它在各种工业生产线中得到了广泛应用，尤其在汽车、船舶、轨道交通、电子信息设备及航天航空等高端装备制造领域，它不仅是制造机器的机器，还是能够制造自身同类设备的机器，也就是"自己可以制造自己"，是工业母机中的精华。

从这里 爱上实业

第一节
中国机床"十八罗汉"

说起机床的历史，可以追溯到 2000 年前，当时出现的树木车床算是机床的原型。在操作时，踩住绳子下方套圈，利用树枝的韧性带动工件旋转，将贝壳作为刀具，沿横条切割物品。

在我国明朝出版的著作《天工开物》中，也有以脚踏方式工作的磨床，当时用于剖切玉石。

15 世纪，为了制造钟表和武器，出现了螺纹车床、齿轮加工机床和水力驱动的炮筒镗床。

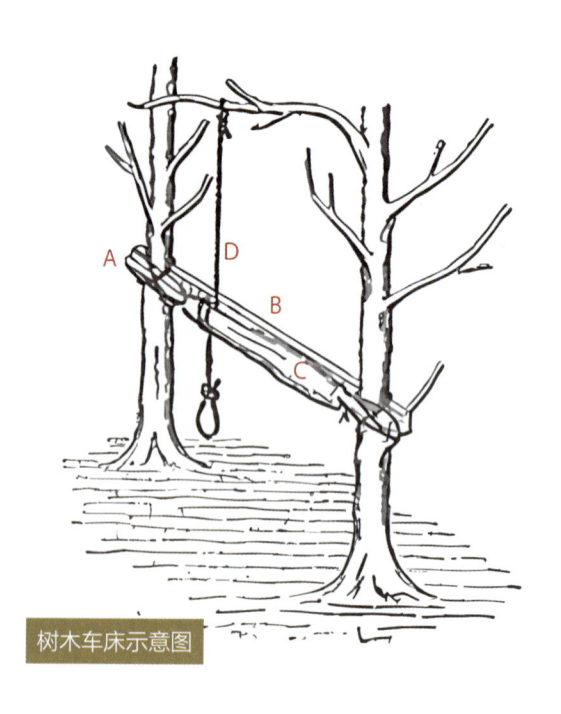

树木车床示意图

工业革命来临，掀起了一轮机床的发明与改进热潮，催生了具有多种功能的机床。此后，机床向机械化、半自动化、自动化不断演进。

无机床，不革命。作为工业母机的机床的演进史，也是工业革命进化史的一部分，每代机床的变革都推动着工业革命步伐的前进。

第八章　梦系数控机床

《天工开物》中的磨床

　　1952 年，第一台数控机床在美国诞生，开启了工业制造强国关于机床制造能力、功能、精度、可靠性等实力的大比拼。至今，机床行业仍然是工业制造国家关于核心竞争力的比武擂台。

　　数控机床是数字控制机床（Computer Numerical Control Machine Tools）的简称，是一种装有程序控制系统的自动化机床。这种机床可以说是一种有着"智慧"的机器。它能够根据系统发出的指令控制机床的动作，按照图纸要求的形状和尺寸，自动将零件加工出来。

　　在数控机床诞生前后，中国也出现了机床界"十八罗汉"，这就是中华人民共和国成立初期的 18 家基础企业，分布在全国各地。其中，有 6 家企业布局在东北地区，这与东北地区老工业基地的发展紧密相关。"十八罗汉"中的沈阳第一机床厂、武汉重型机床厂等还被列入中华人民共和国成立初期的"156 项重点工程"。

　　有好装备，才能生产好产品。

　　中国机床行业的兴衰与"十八罗汉"息息相关。18 家机床厂生产的机床为各行各业提供了重要的机器保障，不仅为我国机床行业的发展立下汗马功劳，还担起我国由农业国向工业国转型的重任，支撑着中国工业的快速崛起。

中国机床"十八罗汉"

序号	企业名称	专业产品分工
1	齐齐哈尔第一机床厂	立式车床
2	齐齐哈尔第二机床厂	铣床
3	沈阳第一机床厂	卧式车床，专用车床
4	沈阳第二机床厂	钻床，镗床
5	沈阳第三机床厂	六角车床，自动车床
6	大连机床厂	卧式车床，组合机床
7	北京第一机床厂	铣床
8	北京第二机床厂	牛头刨床
9	天津第一机床厂	插齿机
10	济南第一机床厂	卧式车床
11	济南第二机床厂	龙门刨床、机械压力机
12	重庆机床厂	滚齿机
13	南京机床厂	六角车床，自动车床
14	无锡机床厂	内圆磨床，无心磨床
15	武汉重型机床厂	工具磨床
16	长沙机床厂	牛头刨床，拉床
17	上海机床厂	外圆磨床，平面磨床
18	昆明机床厂	镗床，铣床

然而，中国变得更强大的梦想，在实现的道路上充满着人为设置的困难。

巴黎统筹委员会，简称"巴统"，正式名称为"输出管制统筹委员会"，成立于1949年。这是"巴统"的17个成员国对社会主义国家实行禁运和贸易限制的国际组织。

中国自然在被禁运之列，禁运产品包括军事武器装备、尖端技术产品和战略产品等数万种产品。甚至把武器和原子能物质列为对中国绝对禁运的1号货单，把数控机床及其关键配件、附件视为战略物资，对中国实行限制或禁运。

1994年，"巴统"解散。此后，西方国家又于1996年签署了《瓦森纳协定》，对向中国出售的高端设备、数控系统、功能部件实行不同程度的控制。

可以加工复杂零件的数控机床也被列入封锁和管控名单，而这是高端军工产品、顶级装备必须用到的战略性装备。

这些核心技术在全球范围内不能自由流通，不是想买就能买得来的。

西方国家不仅严格管控甚至禁止对外出售数控系统，还对数控系统的部分功能进行限制。日本发那科的五轴联动数控系统甚至没有对中国企业开放；美国机床企业会对用户定期核查，掌握其设备使用情况，也同样"严防死守"。

这种机器出口到中国，有精确的安装位置定位和制造产品范畴要求，一旦挪动一点位置，或者用来生产其他产品，系统就会被远程锁死，要求使用方做出解释说明。

这种防范让机床行业的从业人员耿耿于怀，如芒在背，迫切希望中国机床行业快速崛起。

"十八罗汉"不负众望，在它们手中诞生了我国机床界的诸多"第一"。最耀眼的一个，当属中国第一台普通车床 C620-1。它由沈阳第一机床厂生产制造，还被印在了第三套人民币上，足见它的重要性和当时以工业为主导的思想。

第三套 2 元人民币的正面形象就是车床工人，其在收藏圈中也被称为"车工两元"。

第三套 2 元人民币票样

1974 年，C620-1 普通车床被定为经典车床 CA6140A，相关知识被各大院校编入教材，并被无数专业书籍收录，成为一代代机床人必须掌握的基础入门知识。

它，创造过历史，见证过辉煌，也期望着未来。

后来，沈阳第一机床厂、中捷友谊厂（原沈阳第二机床厂）和沈阳第三机床厂 3 家工厂发起并成立了沈阳机床股份有限公司（以下简称沈阳机床）。

尽管先有"巴统"限制，后有《瓦森纳协定》堵截，建设机床大国的梦想在中国人心里也从来没有停止过。

中国第一批普通机床

全球首台智能数控机床 i5，由沈阳机床研制生产

2012年，i5横空出世，给机床界带来一波超强冲击，不仅让中国人增强了信心，还让国外企业看到中国也能制造智能数控机床。

i5是一款具有里程碑意义的产品，是全球首台智能数控机床。

i5的攻关历经5年，耗资数亿元，称得上是一次孤注一掷的付出。

关锡友，毕业于同济大学机械制造专业，毕业后进入中捷友谊厂工作，从一线工人做到了厂长。

2002年，他被任命为沈阳机床总经理。当时，沈阳机床已经连续亏损10年，作为"十八罗汉"之一的排头兵，在世界机床企业营业额中却勉强排在了第36名。

一直工作在一线，对机床有清醒且深刻的认识的关锡友走马上任，开始对这家国企进行大刀阔斧的改革。他收购了德国希斯公司，以及云南机床厂和昆明机床厂（昆明机床厂也是当时的"十八罗汉"之一），这一步只是开始。

更重要的是，关锡友要研发中国自己的智能数控系统，希望能够摆脱对发达国家的依赖。

开发国产智能数控系统是几代机床人的梦想，这是一个最难啃的骨头，几乎是不可能完成的任务。

关锡友召集国内外顶尖专家和技术人员组建研发团队，历经长达5年的艰苦攻关，这段"旅程"孤独且寂寞。

在此期间，团队进行了大量的试验验证，利用了人工智能、云计算、大数据、物联网等多项当时先进的技术，2012年，终于成功研制出全球首台智能数控机床。这台智能数控机床集成了多项创新技术和功能，性能远超任何传统数控机床，为中国打了一场漂亮的翻身仗。

2011年，沈阳机床销售额为180亿元，超过日本和德国的老牌企业，从世界机床企业营业额排名中的第36名，一下跃升到第1名，终结了数控机床领域由外国"统治"的局面，挺起了中国机床行业的脊梁。

i5的冲击波像机床界的超强地震一样，迅速波及全国，给当时状态不佳的中国机床行业注入了一针强心剂，也让机床行业看到中国有实力也有能力造出最好的产品，唤起了中国人的信心，让人民对未来充满期待。

"十八罗汉"中的其他成员也各显神通。

2014年，齐齐哈尔第一机床厂凭借高端数控重型卧车打入美国市场，达到国际领先水平，填补了国内空白。

济南第二机床厂累计为福特汽车全球13个工厂提供了27条大型冲压线，又相继赢得美国日产、日本日产、法国PSA高速冲压生产线订单，实现了对美国、日本及欧洲国家市场的全面突破。产品出口至美国、日本、印度、泰国、印度尼西亚、土耳其等国家。其中冲压设备国内市场占有率达到80%，国际市场份额超过35%，成为世界三大数控冲压装备制造商之一。

民营企业同样满怀热情。

大连光洋科技集团在购买国外数控机床时曾遭遇"霸王条款",装机地点和用途被严格限定,一旦移动位置,数控机床会自动锁死。

这让当时的董事长于德海做出了一个重大决定,一定要生产出中国自己的数控机床。2008年,大连光洋科技集团成立科德数控股份有限公司(以下简称科德数控),专攻数控机床。甚至专门为高精度数控机床生产车间盖了一个亚洲最大的15000平方米的地下工厂。

这是因为数控机床对制造环境的要求极高:路面的震动数值应在一定的范围内,要有超高等级的清洁环境,全年温度和湿度恒定不变。地下工厂更容易满足这些苛刻的要求。

如今,科德数控已经成为中国本土专业化高端数控系统和关键功能部件的完整产业制造商,成长为国内颇具规模的五轴装备产销基地。

在i5智能数控机床研发成功后,沈阳机床一路乘势而上,独创性地开启了机床销售租赁的4S店模式。

但是,i5冲击波带来的喜悦没有持续多久,背后的问题就显露了出来。

在i5刚研发出来时,对各种零部件的质量和精度的控制还不太成熟,在使用中出现了各种问题,让企业不敢再使用。

对于数控机床来说,再小的问题都是大问题。"差之毫厘,谬以千里"这样的形容对于一个以几微米来计算精度的机器来说,一点都不为过。更何况数控机床加工的零件,虽然价值不一定有多高,但是使用的地方相当重要,都是军工、航空航天、轨道交通、电子等领域的高精尖产品。

不稳定就没有人敢用,这为i5的发展带来灭顶之灾。

从研发到租赁,投入巨额资金,回笼慢。

即使在2011年,沈阳机床成为全球第一大机床企业,销售额达到180亿元时,利润也只有1亿元左右。而同样作为老牌机床企业的西门子,2011年的总营业额为900亿欧元(2011年,1欧元兑人民币9.3279元),利润为50亿欧元(含机床以外的领域)。

最终,沈阳机床不得不重组,2022年,被中国通用技术集团增资收购。

特别链接

25、你知道中国机床有"十八罗汉"吗

18家机床厂被称为"十八罗汉",这是我国"一五"期间改造并新建的18家基础企业,他们不仅在推动我国机床行业的发展方面立下了汗马功劳,还是在中国制造业发展的关键时期举足轻重的设备制造厂。

机床是非常重要的工业母机,这18家企业生产制造了中国工业初创时期的重型装备、重要生产线,如中国第一台普通车床、第一台卧式铣镗床、第一台铲齿车床、第一台全齿轮传动的车床、第一台五尺马达车床、第一台龙门刨床、第一台机械压力机、第一台无心磨床、第一台内圆磨床等,不胜枚举,"十八罗汉"的重要地位不言而喻。

当时,机床厂布局在东北地区、沿海地区等重要工业发展区域,今天,仍然值得记住它们的名字:东北地区的齐齐哈尔第一机床厂、齐齐哈尔第二机床厂、沈阳第一机床厂、沈阳第二机床厂、沈阳第三机床厂、大连机床厂;华北地区的北京第一机床厂、北京第二机床厂、天津第一机床厂;华东地区的济南第一机床厂、济南第二机床厂;长三角地区的南京机床厂、无锡机床厂、上海机床厂;华中地区的武汉重型机床厂、长沙机床厂;西南地区的重庆机床厂、昆明机床厂。其中,沈阳第一机床厂、武汉重型机床厂等被列入中华人民共和国成立初期的"156项重点工程"。

后来,有7家机床厂被整合到中国通用技术集团旗下。

如今,数控机床成为主流,"十八罗汉"仍在机床行业发挥着重要作用,济南第二机床厂更是进入了数控机床的第一方阵,成为世界最大的机械压力机制造商之一;齐齐哈尔第一机床厂并入天马股份后,专注生产重型机床;济南第一机床厂被山东威达收购,专注生产轮毂加工机床。

70多年前垒就的坚实的基石,依然屹立不倒!

从这里 爱上实业

第二节
百花齐放的机床新生

i5 的折戟沉沙，对于中国机床行业来说，是一个悲壮的故事。

时光见证了 i5 的辉煌，也看到它跌落神坛。中国企业也从中找到了自己的发展道路，那就是不能"一口吃成胖子"，不能一下问鼎高精尖的巅峰，但是可以做力所能及的事，从脚下开始，一步步发展。只要不停下脚步，就总是在向前迈进。

花开花落几度秋，"十八罗汉"的发展路径不一，命运不同。有的转型成功，重塑辉煌；有的星光黯淡，风光不再。其中，有 7 家被中国通用技术集团收购。

齐齐哈尔第一机床厂将高端数控重型卧车打入美国市场，达到国际领先水平，填补了国内空白；成功研制了高精度数控双柱定梁立式车床，以车代磨，填补了国内空白。齐重数控装备有限公司（原齐齐哈尔第一机床厂）被国家认定为专精特新"小巨人"企业。

济南第二机床厂则发展成为世界三大数控冲压装备制造商之一，其产品远销多个国家和地区。

重庆机床集团（原重庆机床厂）也被评为国家专精特新"小巨人"企业，生产的滚齿机等主导产品，在国内市场中的占有率长期保持优势。

武汉重型机床厂成为国内生产重型、超重型机床的规格品种齐全的大型骨干企业。

"十八罗汉"获得新生，同时，也激励着国内诞生了一大批新的机床企业。

前面提到的科德数控发展成为国内专业化高端数控系统、关键功能部件和高端数控机床制造商，成为国内重要的五轴装备产销基地。

北京精雕集团自产五轴联动数控系统配套使用，走在国内企业的前列。

武汉华中数控股份有限公司（以下简称华中数控）、广州数控设备有限公司等专业生产数控系统，用于机床、机器人等领域。

华中数控在高端领域具有技术领先优势，引领国内中高端数控系统的发展，研发了具有高速、高精度、高光洁度和高稳定性的华中 8 型高档数控系统，之后又推出 9 型智能数控系统，主要用于智能数控机床的控制。

华中 8 型高档数控系统

秦川机床工具集团成为中国机床工具行业龙头骨干、中国精密数控机床与复杂工具研发制造基地、工业机器人减速器研发制造基地。

汉川机床集团是中国精密数控电加工机床、卧式镗床、坐标镗床等的生产基地。

上海拓璞数控科技股份有限公司则以制造五轴联动数控机床、航空航天定制化数控装备及提供工艺软件技术服务等为主营业务。

从这里 爱上实业

第三节
机床能做什么

大型船用曲轴生产制造现场

船用曲轴是装在大船发动机上的核心部件,被称为"巨轮之芯"。能否制造大型曲轴,是衡量一个国家造船工业水平的重要标志。

像左图中这种质量为 400 多吨的"铁疙瘩",必须经过机床的"磨炼"。无论坯件是锻造而成的还是铸造而成的,最后都必须经过曲轴加工机床的切削———一种专用数控机床,它能够把曲轴一点点切削成需要的形状。

别看曲轴又大又重,但是它对精度的要求近乎苛刻。只有曲轴的精度达到 0.01 毫米,才能确保在它的生命周期内使大船安全稳定地运行。因为曲轴的寿命决定了发动机的寿命,发动机的寿命又决定了大船的寿命,而船用曲轴作为大船的精密装备,在它的生命周期内是不能更换的。一旦损坏,就意味着这条船废了。

它的重要性不言而喻。

沈阳航空复杂结构件智能制造生产基地

沈阳航空复杂结构件智能制造生产基地能够加工航空发动机中最核心、制造难度最大的"一盘一匣两片"(涡轮盘、机匣、导向叶片及工作叶片)。这些零件结构复杂、加工精度高,对表面粗糙度及表面质量的要求高,必须依赖五轴联动数控机床进行精加工。

这是我国航空航天领域首条全部应用国产高端数控设备的智能制造生产线。

航空航天领域对数控机床的需求最大,占比达到 40%。

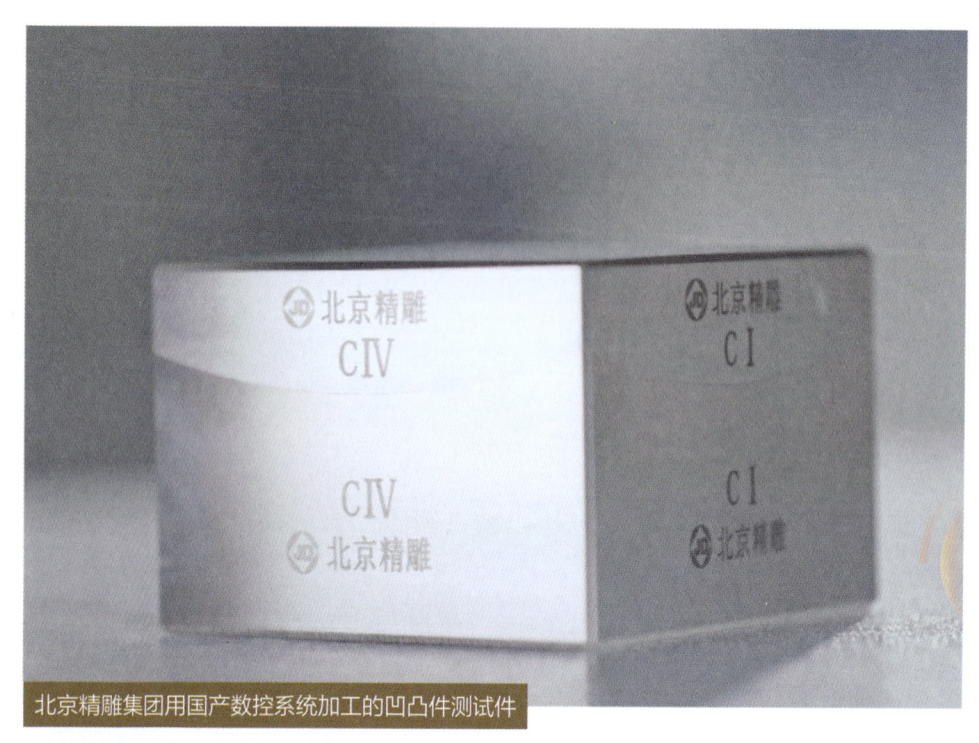

北京精雕集团用国产数控系统加工的凹凸件测试件

从中间剖开的凹凸件测试件

北京精雕集团用国产数控系统加工的凹凸件测试件的配合精度在 5 微米以内，相当于一张 A4 纸厚度的 1/20，真正做到了严丝合缝。

凹凸件测试件从中间剖开后，如同镜面，看起来像一个整体，只有借助光线的变化，才能隐约看到凹凸件配合的缝隙线条。

国产五轴联动数控机床正在铅笔尖上雕刻电吉他

右图中是一把在铅笔尖上雕刻的电吉他，它由国产五轴联动数控机床加工而成。铅笔芯为石墨材质，本就柔软，稍一用力就会断掉，而在面积只有 10.35 平方毫米的铅笔尖上"雕龙画凤"，对力度、精度的控制要非常精准，恐怕都不能用"差之毫厘，谬以千里"来形容了，微米级的误差就会区分成功与失败。

在铅笔尖上雕刻的电吉他

手机后盖

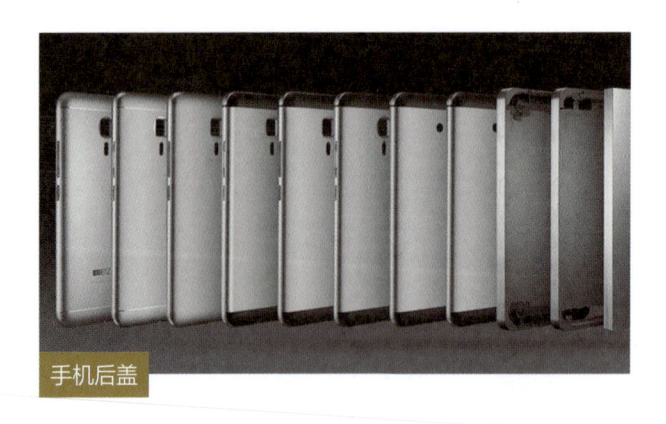

对于我们常用的手机，它的后盖就是用数控机床加工出来的，一体成型。

iPhone6 机身细节

手机外形边框弯角处的弧面形状加工难度极大，不仅关系到用户拿在手中的触感，更重要的是，屏幕通过卡扣与机身固定在一起，且手机的大部分部件都依附在金属机身上。因此，在加工金属机身时，必须精准加工出安置这些部件的形状和结构。

无论是加工"大家伙"，还是加工精细部件，五轴联动数控机床已经成为现代工业必不可少的关键基础装备，有什么高精尖部件的加工设计，它都能够帮你实现。

随着国产大飞机、航空航天、新能源汽车及 3C 产业[1] 等的快速发展，数控机床的国产替代需求旺盛，对五轴联动数控机床的需求也有望增长。

---

1 注：3C 产业指计算机、通信、消费类电子产品，3C 就是 Computer、Communication 和 Consumer Electronics。

第八章　梦系数控机床

中华人民共和国成立至今，几代机床人追赶了数十年。对于数控机床的原理，我们并不陌生。

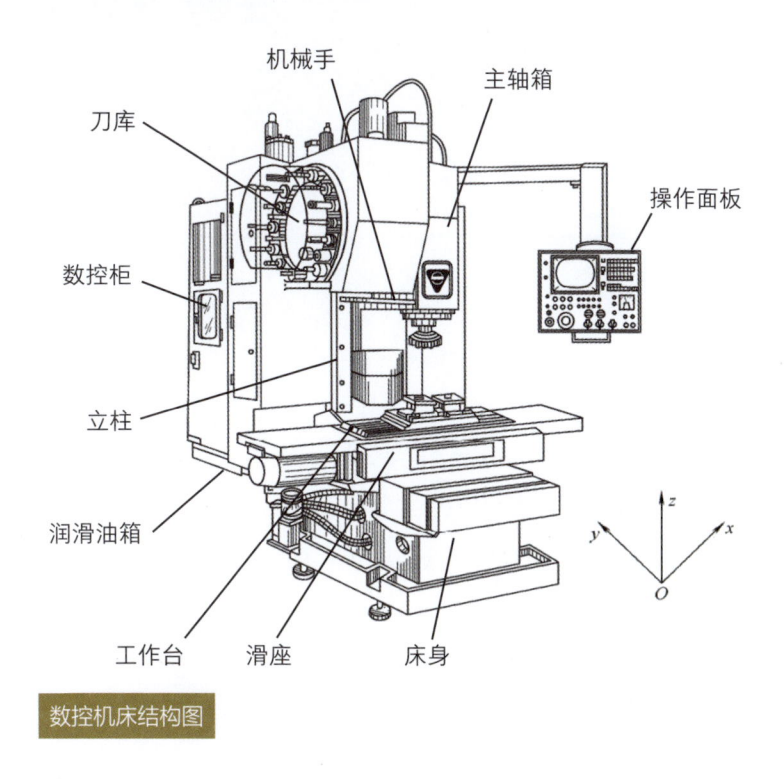

数控机床结构图

（标注：机械手、主轴箱、刀库、操作面板、数控柜、立柱、润滑油箱、工作台、滑座、床身）

数控机床一般由几大核心部件组成：机床主体（结构件），数控系统，传动系统，驱动系统，刀库、刀塔及组件，其他零部件。

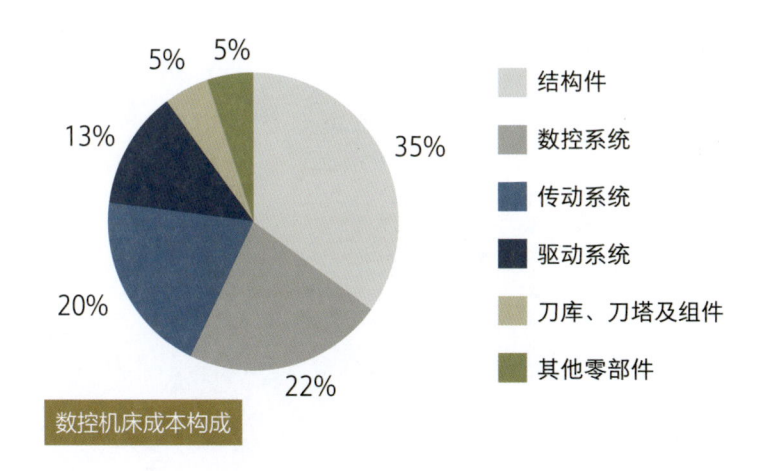

数控机床成本构成

- 结构件　35%
- 数控系统　22%
- 传动系统　20%
- 驱动系统　13%
- 刀库、刀塔及组件　5%
- 其他零部件　5%

结构件，指机床主体，也就是数控机床的机械部件。主要包含床身、床板、床架等部件，是肉眼能够直观看到的部分。其中，床身承载整个数控机床的各种工作负荷和切削外载荷。

铸铁、铸钢件通过精加工形成床身、床架等，这些部件对数控机床的稳定性有重要影响。

结构件在整个数控机床成本中的占比约为35%。

目前，结构件的国产化率较高。

数控系统，也就是数字控制系统，在成本占比中排第二，约为22%。它是数控机床最核心的零部件，也是数控机床的灵魂所在，相当于数控机床的"大脑"。数控系统通过编程发出操作指令，并对数控机床进行控制，从而完成加工。

数控系统的优劣直接影响数控机床的稳定性和精度，也是数控企业在市场竞争中比拼的核心能力之一。

数控系统是数控机床产业链中最重要的一环，也是我国数控机床产业链中最薄弱的一环，成为我国高端数控机床发展的瓶颈。

多轴联动技术是数控机床的核心技术之一。"多轴联动"指数控机床各进给轴（包括直线坐标进给轴和旋转坐标进给轴）在数控系统的控制下按照程序指令同时运动。

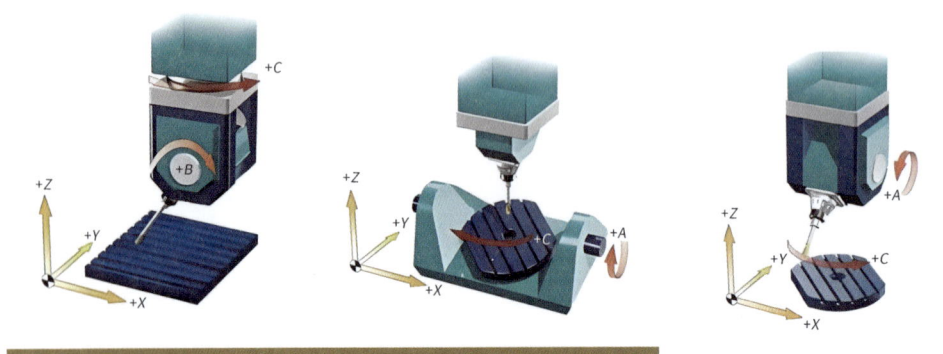

五轴联动数控机床的五轴联动示意图
（*XYZ*直线坐标轴加上*ABC*旋转坐标中的两个轴构成五轴联动）

国际上把掌握五轴联动数控机床等高端数控机床的制造技术视为一个国家工业化的重要标志。

五轴联动数控机床专门用于加工复杂曲面，效率高，精度高，技术壁垒也高。五轴联动加工具有更高的加工效率、更小的占地面积与能耗，可以带来更大的经济效益，对三轴联动加工具有一定的替代性。

根据全球机床龙头企业——德马吉森精机机床贸易有限公司披露的数据，在将 50 台立式五面加工机床替换为 10 台五轴联动数控机床后，加工量更大、占地面积更小，且能耗节约了 42%。

我国从 20 世纪 60 年代开始进行数控系统的研发，20 世纪 90 年代进入模仿学习阶段，21 世纪初期进入国产突破阶段。

经过几十年的追赶，国产数控系统在中低档市场中占据了一席之地，在高端数控系统上取得一定的突破。尽管我国高端数控系统长期被发那科、西门子等国际大品牌垄断，但是国产品牌依然异军突起，出现了如武汉华中数控股份有限公司、科德数控、北京精雕集团等深耕高端数控系统和数控机床的领军企业。

目前，国产数控系统的市场占有率实现了大幅提升，国产中高端数控系统占有率由十多年前的不足 1% 提升到了 30% 以上。

不过，还应该正视中国机床行业与世界顶尖水平之间的差距。

机床行业作为一个完全竞争的行业，拥有全球超 500 亿元的大市场。德国、日本、美国等国家的企业在全球高端数控机床市场中占据主导地位，在中国市场中也是如此。国内数控系统市场在 90 亿元到 160 亿元波动，其中，在高端数控系统上，占主导地位的仍然是国际大品牌，进口依赖度超过 90%。

传动系统，是数控机床部件运动的载体，直接影响数控机床加工精度。传动系统包括主轴、丝杠、导轨等，成本占比约为 20%。

目前，我国机床企业的主轴、丝杠等部件依赖进口，在高端丝杠、导轨、轴承等方面，仍然缺乏具有国际竞争力的中国企业。

驱动系统，是数控系统和机床主体之间的电传动联系环节，能将数控系统的控制信号转化为相应的机械位移。驱动系统分为液压驱动系统和电驱动系统两类，成本占比约为 13%。

目前部分伺服驱动和电机市场已经实现了国产化，但在性能上仍与国外品牌存在差距。

刀库、刀塔及组件，是存放刀具的部分，刀具被称为数控机床的牙齿，属于数控机床的功能部件，是具体实施切、削、磨等加工功能的执行单元，成本占比约为5%。

各种各样的刀具

金属切削是机械加工的主要方式，在整个制造、加工中的应用占比超过90%。

工业中的刀具属于耗材，极易发生磨损，使用寿命从几个小时到1个月不等。

全球切削刀具市场是规模达到2400亿元的大市场，中国在这个市场中的规模位列第二，总额超过420亿元。

全球切削刀具行业基本处于垄断竞争状态，特别是在高端刀具领域，山特维克（瑞典，成立于1862年）、肯纳金属（美国，成立于1938年）、伊斯卡（以色列，成立于1952年）、三菱综合材料（日本，成立于1950年）等企业占据着绝大部分市场份额。

作为耗材的工业刀具，其实就是生产力。

"没有金刚钻，不揽瓷器活"，有什么样的刀具，决定了能够加工什么样的产品。刀具的性能直接决定着机械加工的精度和效率。

常用的刀具材料有硬质合金、工具钢（高速钢）、陶瓷和超硬材料等。

硬质合金刀具可比高速钢刀具的切削速度高 4 倍以上，在全球市场份额中占比超过 60%，在国内刀具市场中坐拥半壁江山。

高速钢是最常见、最普遍的刀具材料，它的硬度、耐磨性、耐高温性和耐腐蚀性等都非常好，尤其适用于制成工业切削刀具。

高速钢是高碳高合金莱氏体，因此它并不只有一种材质，而是以合金的形式集中了不同元素的优点，如碳控制硬度，钒控制耐磨性，铬控制耐腐蚀性，钨和钼则用来提高耐受温度。

当然，这些材料配比稍有变化，高速钢的性能就会千差万别。高速钢的配比是各企业最高的商业机密。

通过粉末冶金工艺，中国已经能够制造具有超高性能的新型刀具材料了，用这种材料制成的刀具可以耐受 500 摄氏度的高温，还能承受 3000 转每秒以上的切削转速。

我国高端刀具所需要的高速钢曾经大量依赖进口，如今，在高速钢的国产化方面已经取得了一定的突破。

大小不同的刀具

我国已经拥有了生产非标钨钢刀具的智能生产线，品质可以与国外大品牌媲美。产量也后来居上，达到国外同类竞品企业刀具产量的数倍。

在超细微钻头上，世界上仅有两家公司能够制造直径为 0.01 毫米的钻头，中国就占了其中一家。怎么理解 0.01 毫米呢？制造这么细的钻头，相当于在一根头发上进行微雕，可见难度有多大。

中国连续 20 多年成为数控机床消费第一大国，同时也是世界第二大刀具消费市场。国产刀具在国内高端刀具市场份额中的占比约为 20%，在中高端刀具市场份额中的占比约为 30%，在低端刀具市场份额中的占比约为 50%。

为了制造高端数控机床，中国已经追赶了半个多世纪，从国家层面对高端数控机床进行部署，发布了一系列政策，以鼓励和推动数控机床产业技术升级，完善产业链，加快产业聚集。足见中国对高端数控机床的重视程度已经提高到了前所未有的战略高度。

当前，全球机床市场仍以德国、日本、美国的机床企业为主，营收排在前十名的公司被这 3 个国家包揽，其中有 3 家来自德国，4 家来自日本，2 家来自美国，还有 1 家是德国和日本合资企业。

数控机床是高端制造领域的高端加工装备，在工业化加速发展的今天，中国的机床行业仍需奋起直追！